THE STORY OF AMAZING GRACE
John Newton

约翰·牛顿

[英] 约翰·牛顿 著
杜华 译

自传

The Life of John Newton

海南出版社

图书在版编目（CIP）数据

约翰·牛顿自传 /（英）牛顿（Newton, J.）著；杜华译. —海口：海南出版社，2010.10
书名原文：The Life of John Newton
ISBN 978-7-5443-3490-7

Ⅰ.①约… Ⅱ.①牛…②杜… Ⅲ.①牛顿，J.（1725～1807）—自传 Ⅳ.①K835.617-41

中国版本图书馆CIP数据核字（2010）第195342号

约翰·牛顿自传

[英] 约翰·牛顿 著　杜华 译

责任编辑：	古　华
策　　划：	黄　艳
出版发行：	海南出版社
地　　址：	海口市金盘开发区建设三横路2号
邮　　编：	570216
电　　话：	0898-66830929（海口）
	0731-84863905（长沙）
网　　址：	http://www.hncbs.cn
印刷装订：	环球印刷（北京）有限公司
开　　本：	880×1230（毫米）　1/32
印　　张：	7
字　　数：	130千字
版　　次：	2011年2月第1版　2011年2月第1次印刷
书　　号：	ISBN 978-7-5443-3490-7
定　　价：	25.00元

在写给北汉普敦郡奥温克教区
哈维牧师的系列信件中，
约翰·牛顿讲述了自己亲历的
那些非凡有趣的真实故事。

奇异恩典

奇异恩典，何等甘甜，我罪已得赦免；
前我失丧，今被寻回，瞎眼今得看见。

如此恩典，使我敬畏，使我心得安慰；
初信之时，即蒙恩惠，真是何等宝贵。

许多危险，试炼网罗，我已安然经过；
靠主恩典，安全不怕，更引导我归家。

将来禧年，圣徒欢聚，恩光爱谊千年；
喜乐颂赞，在父座前，深望那日快现。

中文版序

后人提及属灵伟人的时候，难免会用很多笔墨描写他们的丰功伟绩。然而，许多属灵伟人的自传让我们看到的，是一个与我们有着同样性情、同样挣扎的罪人谦卑在基督面前的过程。约翰·牛顿是经典圣诗《奇异恩典》的作者，你手中的这本自传便犹如他的一篇忏悔录。他在弥留之际为我们留下这样的话："我的记忆已经模糊了，但是我还记得两点：我是大罪人，耶稣是大救主！"

"奇异恩典，何等甘甜，我罪已得赦免；前我失丧，今被寻回，瞎眼今得看见。"这个称自己为有罪之人、失丧之人和瞎眼之人的，就是约翰·牛顿。他11岁辍学，年龄渐长时成为一个粗野、放荡和堕落的水手，后来贩卖奴隶。但是，神的恩典在一次可怕的暴风雨中临到这个邪恶的奴隶贩子，从此他的生命发生了巨大改变。

约翰·牛顿于1764年出版自传，直译为《真实的叙述》

（*An Authentic Narrative of Some Remarkable and Interesting Particulars*），出版当年就加印，之后一版再版，不仅畅销国内外，而且被看作改革宗的经典之作。约翰·卫斯理、查理斯·卫斯理和乔治·怀特菲尔德对他产生了很大的影响，他39岁时被按立为牧师。

本书根据1806年在纽约出版的古英语版本翻译而成。相比1764年的版本，这个版本增加了另外一些内容，包括约翰·牛顿描述妻子临终情形的文章、怀念妻子的诗歌、其他几篇书信以及和他同时代的约翰·爱德华兹的立志书。

特别值得一提的是，本书最后的部分包括牛顿描述生命里程的三封重要书信：《在恩典中发苗》、《在恩典中长穗》和《在恩典中结实》。这三封信的内容就如《马可福音》4章28节所讲："地生五谷是出于自然的：先发苗，后长穗，再后穗上结成饱满的子粒。"

让他魂牵梦萦、牵手40载的妻子先他安睡主怀，牛顿在缅怀爱妻的时候记载了他在此过程中的挣扎、与神之间的摔跤、得胜的信心见证以及神格外的恩典和怜悯。他这样说道："虽然我醒着的时候总会想起她来——她走后，我就睡在那张她曾经躺卧并挣扎了那么久的床上——却从未有一天为此不安或有一个晚上难以入眠；虽然我失去了自己的挚爱，但神使我在没有她的日子里仍能高高兴兴地继续生活下去。"

阅读约翰·牛顿写于18世纪的这些书信，就像是在冬日的火炉边聆听祖父说古一般,让我们一尝天堂的滋味,瞥见圣灵在圣徒中的工作,见证恩典发出的荣耀之光。蒙受恩典的牛顿,余生都活在感恩之中,感谢主把他从罪孽和堕落中拯救出来,使他脱离奴役。

约翰·牛顿在离世之前,给自己写下墓志铭:"生长英伦,离经叛道,罪恶沉沦,放逐非洲,身经大劫,蒙主恩佑,履险如夷,且膺圣职,年八十三,辞世安息。"

前　言

　　这本书的第一封信很适合做全书的引言，这样读者就不必费心去读一篇没有太大用处的长长的引言了。在读者阅读本书之前，我向大家担保，他所描述的一切完全属实，而且他所有的来信都是应我的要求写的。他在信中所讲的这些经历令我产生了极大兴趣，于是，我便突发奇想，建议他将自己的经历详细地写出来。书信作者欣然赞同，只是当时他并没准备将这些细节公之于众。后来，经过朋友的不断恳求，他才最终同意将这些内容发表出来。况且那时发表这些内容已很有必要，因为坊间已开始流传好几种并不完全的版本，使人不免猜疑那些版本是未经公开出版发行、暗地里流入公众手中的。

　　为此，在征得书信作者同意后，我将这些书信的原稿公之于众。其实，这些书信是作者为了满足我的好奇心信笔写成的，是我们友谊的象征。书信中的文字十分流畅，无须任何改动。我祝愿书信中所蕴涵的伟大真理，能像作者那些令人兴奋的经历一样，带给人有益的启发。

哈维
1764年8月于奥温克

目 录

第一部分

第一封信：奇异恩典	3
第二封信：早年经历	10
第三封信：偏离正道	17
第四封信：意乱情迷	30
第五封信：罪的代价	38
第六封信：脱离牢笼	46
第七封信：濒临绝境	54
第八封信：绝处逢生	61
第九封信：回转归主	69
第十封信：再度蒙恩	76
第十一封信：寻求真理	83

第十二封信：百般试炼　　91

第十三封信：初熟之果　　98

第十四封信：忠心侍奉　　105

第二部分
爱妻的最后时光　　115

纪念诗　　127

第三部分
其他书信　　151

摘记　　195

第一部分
Section 1

第一部分
第一封信：奇异恩典

尊敬的牧师先生：

我相信《申命记》8章2节①那条写给以色列人的应许，会引起您一些愉快的思考。当时，以色列人在旷野，被各种问题所困扰，他们的不信与悖逆更加重了这些困扰。他们经历了神的引领，却不明白、甚至屡次误解他在这些安排中所怀的美意，旷野之旅因此令人极为沮丧。摩西为了安抚并鼓舞这些以色列人，向他们预示，旷野之旅及争战都将结束，幸福的时光即将来临，他们很快就要夺取应许之地为业，不再有恐惧愁烦。那时，他们回想这段曾令他们痛苦不堪的旅程时，将会满怀喜悦地复述摩西的

---

① 《申命记》8章2节："你也要纪念耶和华你的神在旷野引导你这四十年，是要苦炼你，试验你，要知道你心内如何，肯守他的诫命不肯。"

话:"你要记念耶和华你的神在旷野引导你。"

其实,对于我们这些正在走出属世的旷野、迈向属天迦南的人来说,这句话更有意义,也更安慰人。我们因着对神的应许和权能的信靠,盼望在一个永恒、稳固的国度里享有真正的平安。对天上荣耀的期盼,激发我们鼓起勇气与热情,努力奔向我们的先行者耶稣已进入的国度。当我们把眼目定睛在耶稣身上时,必将在一切拦阻我们成长的事上得胜有余。然而,我们尚不完全,由于堕落本性中的无知与不信,我们常常感到软弱,误解神在我们身上所做的工,并为此心生抱怨。我们若能明白临到我们的一切都是出于神的美意,早就会欢欣鼓舞了。然而时候将到,我们所有的争战都要结束,我们的眼界将更宽广,领受的启示也要加增。而且,当我们在崇敬与爱慕中回顾神带领我们走过的路时,就不得不承认,其中的每一步都带着神怜悯与良善的旨意;就会看到,那些被我们看为不幸、不好的事,实际上都是神给我们的祝福。发生在我们身上的事,没有一件是平白无故的,每一个临到我们身上的难处都恰到好处,都能成为神恩典与智慧的工具,为的是叫我们得以承受他所预备的那极重无比且存到永远的荣耀。尽管我们尚不完全,尽管我们常常不能明白自己目前的处境,但回顾往事,我们还是可以清楚地看见神在各个时期的带领。如果我们仔细思想事件之间存在的奇妙关联,就会发现那些我们今天看为最宝贵的益处,在它们刚刚露出端倪的时候,可能根本没有引起我们的重视。过去我们之所以能逃过生命的劫难,

第一封信：奇异恩典

并不是因为我们有智慧或有预知未来的能力，而是在我们意料之外，事情发生突然的转机。我想说的是，当我们在圣经的光照下思想这些事时，会发现神对他百姓的看护满有智慧和恩慈，而且这种看护早在他们生命的初期就开始了。神的看护超越规则的界限，他看护自己的百姓渡过他们的无知期，以他们并不知晓的方式带领他们，直到他们在各样的经历及认识中完全看清了他的看护和恩典。这样的经历和认识引导他们认识了神，也认识了自己。

我相信，每位信徒经过认真思考，都会认识到这一点，只是各人认识的程度不尽相同。许多人外在的生活很单一，极少变化，他们内在的改变，都是在不被人知晓的情况下发生的，甚至连他们自己也没有察觉。神并没有在雷声和暴风中向他们说话，而是用极其微小的声音一点点将他们拉回到自己身边。因此，虽然他们已拥有认识主、爱主的确据，并已出死入生，但是这些事到底是什么时候、以何种方式发生的，他们却很难说清。另外一些人的情况稍有不同，似乎神是为了显明自己极丰富的恩典和极大的能力才拣选了他们。他容忍了他们本性中的背叛和满心的邪恶。当无知的罪人在毫无预兆的情况下被剪除的时候，这些人尽管也在不断地犯罪却幸免于难，好像要让他们仔细体验将至的灭亡。终有一天，这些人知道自己被拣选是作为神审判前的预告，神乐意将他们如同薪柴般从火中抽出，使他们成为蒙受怜悯、激励别人的器皿。（神这样做的原因是我们无法测透的，因为天如何高过地，他的意念也如何高过我们的意念。）于是，这些人出人意料地开始觉悟并发生改变，这过程中彰显出来的属天的大能，丝毫不逊于造天地的能力。很显然，这是神自己所做成的工，在那些没有被偏见和怀疑蒙蔽的人眼里看为希奇。

这正是逼迫人的扫罗所经历的。他心里充满了对拿撒勒人耶稣的敌意，为此他竭力逼迫并杀害耶稣的门徒，并为着同样的目的从耶路撒冷赶往大马士革。到那时为止，他尚不知道自己所行的有何不妥，满心所想的就是要把所有信耶稣的人都铲除干净。他不停地挨家挨户搜索，四处辗转，满脸凶恶，口中不断吐出威吓凶杀的话。当保罗整个人都处在狂乱的状态中时，他遇见了自己一度憎恶和反对的耶稣。耶稣呼召他从一名严酷的逼迫者转变成一名荣耀的使徒，并激励他在传扬福音的工作中生发出极大的热情和忠诚，这福音曾是他竭力要毁灭的。

在我们生活的时代同样有神极大的恩典显现，我要特别提到已故的加德纳上校的事迹。为了让自己现时的需要得到满足，他巧取豪夺、不择手段，活在深重的罪孽之中。多少非同寻常、堪称神奇的救赎方式都没能使他心动。然而当神大能的日子来临时，他得救了。他一生辉煌的事迹被人引述、广为传讲，并在他去世后被发表出来，使神得着极大的赞美，也使神的百姓得着许多安慰。

提完这些人的名字，尊敬的牧师先生，您能否也允许我加上自己的名字？我这样做，并不是认为我配与这些人同列。这些人都曾活在罪孽当中，后来都成为声名显赫的基督徒。他们所蒙的恩典多，所以他们的爱也多。保罗说：神所赐我的恩不是徒然的，我比众使徒格外劳苦①。加德纳上校也如同被建造在山上的一座城，发出耀眼的明光。从信主直到去世，这期间他的言谈比他信主的经历还要精彩。我本不当在这里拿自己与他们相比！我的情况与他们不同——我实在应当为此感到羞愧，因为我给予的与所蒙之恩实在极不相称。但是如果我们谈论的，是神的耐心以及他长久的宽容，是神对一个卑劣的罪人的看护，是神对内心刚硬的罪人的恩慈，是神饶恕恶贯满盈的罪人时所显露出的怜悯，那么再也没有一个人能比我更适合谈论这些。确实，许多人在听完我讲述的亲身经历后，都认为这些经历应当被记录下来。

最近，我着手将神在我身上所做的工用文字记录下来。我以前之所以没有写，一方面是因为不知道应当如何顺畅地将自己的事原原本本地写出来，另一方面是担心写作时会依赖自己败坏和有害的头脑。《诗篇》的作者提醒我们，要保守对神敬畏的心，他说：凡敬畏神的人，你们都来听，我要述说他为我所行的事。②神警告我们不要"把珍珠丢在猪前"。③基督徒的珍珠指的就是他被神用能力与爱保守的那些宝贵的经历。这些经历本不当冒然地公之于众，以免它们被一些属世及卑劣的人得着，让这些人抓着机

---

① 《哥林多前书》15章10节："然而，我今日成了何等人，是蒙神的恩才成的，并且他所赐我的恩不是徒然的。我比众使徒格外劳苦；这原不是我，乃是神的恩与我同在。"
② 《诗篇》66篇16节。
③ 《马太福音》7章6节："不要把圣物给狗，也不要把你们的珍珠丢在猪前，恐怕他践踏了珍珠，转过来咬你们。"

会亵渎那些他们根本不能理解的事。基于这些原因，我迟迟没有动笔。

然而几个星期前，我听从了您的建议，把我的经历按照系列书信的样式发给您，共有八封。后来发生的事，多少有点出乎我的意料。这些信在很多人的手中流传，而且，您读完这些信后的反应，并非像我所担心的，抱怨我所写的内容太过乏味或平铺直叙，而是请我补充更多的细节。鉴于您和其他一些朋友都这样建议，我便答应了这个请求，相信这样做会带来一些良好的效果，使更多的颂赞归给我们可敬可爱的救主，或使神百姓的信心得以坚固。我愿意顺服这样的请求，放下"自己何等不配"之类的推辞，冒一次险将我的经历公之于众。如果神因着我宣告他的美善得着荣耀，神的百姓也因此得着某种程度的安慰或教训，我心足矣。我愿将这举动可能产生的一切后果都交在这位叫万事相互效力的神手中。

由于没有保留发给您的那些信件的副件，我必须再次在记忆中搜寻，尽量回想曾写过的内容。这次重写，我不会在那些许多人已经细细读过的句子和形式上做什么改动，在那些需要重复事实的地方，我可能还会用差不多相同的词句进行表述。我愿意遵从您的意愿，将这一次的内容写得比上一次更加清楚细致，特别会把结尾部分充实一下。如果我在叙述过程中穿插一些倒叙，让您感觉混乱，希望您能原谅。您表示要把我写给您的那些信交给其他人，很抱歉，我无法对这部手稿进行修改和润色，使之读起

第一封信：奇异恩典

来更顺畅、生动，因为我本人并没有这方面的才能。因着您的友好和率直，我就鼓起勇气请您来承担这个工作。这封信可用作这部书信集的引言。我会尽我所能，在完成您所指派的这个任务之前，尽可能推掉其他各样的安排。与此同时，我恳求您以祷告支持我，让我在尽上自己绵薄之力的同时，能单单定睛在这位乐意召我出黑暗、入奇妙光明的主的荣耀上。

献上我诚挚的敬意！

您忠诚的仆人
1763年1月12日

第一部分
第二封信：早年经历

尊敬的牧师先生：

  有时反复读大卫的感恩之歌让我感到十分快乐："耶和华啊，我是你的仆人，是你婢女的儿子。你已经解开我的绑索。"①神极大的怜悯在我生命初期就已显露出来——我出生在一个基督徒家庭，尚在襁褓中就被奉献给神。我听很多人讲，我的母亲是一名成熟而虔诚的基督徒。她是从英国国教改信的基督教，在已故的钱宁斯博士的教会接受牧养。我是她唯一的孩子。母亲体格孱弱，性格内向，她几乎把所有的精力都放在我的教育上。至今，我还依稀记得她对我的照料和教导。我长到差不多快3岁

---
① 见《诗篇》116篇16节。

第二封信：早年经历

时，她就开始自己教我学英文且成效显著，因为我4岁时，就能得体地读出别人拿给我的普通读物。那时她一直坚持让我背诵经文片段、章节、教理问答、赞美诗和诗歌等各种有益的内容。我那时的表现似乎颇令母亲满意：我一点都不喜欢其他小孩子吵闹喧嚣的游戏，而是喜欢与母亲做伴。每当她教导我学习时，我也总是乐意受教。尽管良好的教育可能没有真正触摸到我的内心，影响我的人生，但是我很乐意分享自己早年的经历，希望能够鼓励那些尽心尽力用正确的方法教养孩童的父母们。虽然随着时间的推移，我因罪远离了早年所受的教导，然而这些教导在相当长的一段时间内仍对我起着制约作用，而且不断地影响我，我用了相当长的时间才彻底把它们摆脱掉。当有一天主开了我的眼睛，让我重新回想起早年的教导时，我发现它们带给我的助益实在巨大。我亲爱的母亲带着我受了很多苦，她经常在神面前为我流泪献上许多感恩的祷告，这些祷告直到今天还在让我受益。

我小小年纪就取得如此进步，母亲由衷地高兴，既然神如此眷顾我，她就更坚定地要把我培养成有信仰的人。6岁起我开始学习拉丁文，刚学了不久，整个的教育计划就戛然而止。神的旨意远超过地上父母的计划，他希望我以一种不同寻常的方式见证他的忍耐、看护与恩典，因此在我快7岁的时候，他就把亲爱的母亲带走了，这件事完全超乎我那些亲友们的意料之外。我生于1725年7月24日，母亲则死于1732年7月11日。

父亲那时还在出海，他时任一艘地中海地区贸易商船的船长。第二年他回到英国，不久后再婚。因此我从一家被寄养到另一家，他们对我照顾得还不错，但是失去母亲的管教总归是一种无法弥补的损失。这时的我开始和一些没有教养、满口粗话的孩子混在一起，没用多长时间就学会了他们那一套。父亲再婚后不久，我被送到一所位于艾塞克斯的寄宿学校，那所学校的校长态度粗鲁严厉，让我常常感到恐惧，我也不再喜爱读书。只要他在场，我就会把母亲早几年前就已经教会的那些最基本的数学运算忘得一干二净。我一共在那所学校待了两年。最后一年，来了一位与我意气颇为相投的新老师。我开始十分卖力地学习拉丁文，结果不到10岁，我就在学校里学习图利[①]和维吉尔[②]作品，并赢得了第一名的头衔。由于学得太急太快，这些东西并没有在心里扎根，因此没过多长时间我就把它们全忘了（我10岁起就离开了学校）。许多年后，当我再拿起课本学习拉丁文时，竟然对以前学过的内容一点印象都没有了。

父亲的第二位妻子是艾塞克斯人。我11岁时，父亲开始带我一起出海。他是一位很明理的人，社会知识丰富，非常注意我的道德培养。他曾在西班牙接受教育，身上总有一股拒人于千里之外的冷漠与严厉，让我甚感畏惧与压抑。在他面前我总感到害怕，所以他无法给我施加积极影响。从那时起直到1742年，我已

---

① 图利（Marcus Tullius Cicero，公元前106年–公元前43年），英文名"Tully"，古罗马政治家、哲学家和演说家。
② 维吉尔（公元前70年–公元前19年）古罗马诗人，长诗《埃涅阿斯》、《农事诗》的作者。

第二封信：早年经历

经有了几次出海的经验。我们每次出海的间隙，都会有相当长的一段时间在乡下进行休整，只有15岁那年的几个月是例外。那时我被安排前往西班牙阿利坎特港进行一次特别的勘查，但由于我无法约束自己的行为并控制自己的急躁情绪，致使这次计划流于失败。

离开学校前后的那个时期，我的脾气和行为特别变化无常。我很少再去关心宗教的事，反而很容易接受那些不好的事，心里总会被罪恶感缠绕。我从孩提时代起就喜爱读书，在所有的书籍里，我常常会想起伯纳特的《基督教礼拜堂》这本书。尽管我对这本书的内容一知半解，但它里面所提到的那种生命历程却令人十分向往，我打算尝试这种生活。我开始祷告、读经、记日记。在我眼里，这些做法会令我感觉很敬虔。但这些看似美善的行动背后却缺少一个坚实的基础，就像早晨的云雾，又如速散的甘露，稍纵即逝。没过多久，我就开始感到厌倦，慢慢地放弃了这种生活。我变得比以前更糟，不仅不再祷告，反而在父母监管不到的地方，学会了许多极其恶毒的咒骂与亵渎的话。这些事都发生在我12岁之前。

大约在那时，我遭遇到一次异常危险的坠马事故，我从马背上被甩了下来，距离旁边的一根尖桩木栅只差几厘米。我禁不住想，这次脱险完全是出于神的恩典，因为我若被甩在那根木栅上，肯定是必死无疑。我的良心让我明白，若真的在那种败坏的生活状况下见主，那该是多么可怕的事情。这事发生后，我迅速断绝了那些亵渎的言行，表面上看起来似乎有了相当大的改变，但是没过多久，我就故态复萌。罪与良心不断在我内心中激烈交战，然而每次故态复萌，都使我陷入更深的罪恶泥沼。

我的良心也曾因一位密友的死亡而被唤醒，我们两个曾经商议一起登上一只战船（我记得那是一个星期天），然而也许是天意如此，我去得晚没赶上，而那艘船翻了，船上的人全部丧生。我受邀参加了朋友的葬礼。只是几分钟的延迟（之前我还为此不满和愤怒），我的生命却得以保全，这件事让我受到极大的震撼。然而，这个事件也很快被我抛诸脑后。另一次，我认真地阅读了《家庭教师》①这本书，它让我经历到一次不完全的、短暂的转变。尽管我无法详述其中的细节，16岁之前，我曾有三四次试图回归信仰，但内心都不是很真诚。我明白要想逃离地狱，必须走信仰之路，然而我喜爱罪中之乐，不舍得放弃。我所能记得的就是，这个时期我经常在变换着角色，极其无知和愚昧，甚至有时在做决定时，明知那些事是犯罪，有悖于我的道德观，我就是不愿放弃。我想到祷告，祷告时也是心不甘情不愿，生怕耽误时间。一祷告完，良心一得着某些安慰，我马上又会忙着去做那些荒唐事了。

我最后一次的改变无论从程度上还是持续性上都与以往不同。这个时期——至少这个时期的某个阶段，我可以用使徒保罗的话来描述："我（从起初）是按着我们教中最严紧的教门作了法利赛人。"（徒26∶5）我做了一个完全不明白神的公义的人所

---

① 丹尼尔·笛福著。关于信徒在家庭中的责任的至理名言。

第二封信：早年经历

能做的所有事情，盼望借此成为一个公义之人。我每天会把绝大部分的时间用在读经、默想和祷告上，还经常禁食，有3个月的时间没有吃任何肉食。我几乎不回答任何问题，生怕自己说出什么无用的话来。表面上看，我会为自己以前的堕落行径深感哀伤，有时还会为此流泪。总而言之，我成了一名禁欲主义者，在我力所能及的范围内竭力逃避社会生活，以躲避试探。我持续着这种严肃的生活大约有两年多的时间，几乎没有中断过。但这种可怜的宗教生活，在许多方面将我置于罪恶的权势之下，留给我的只有沮丧、愚昧、孤立以及全然无用的感觉。

当我认识沙伯里先生（英国自然神论者——编者注）的时候，整个人就处在这样的精神状态之中。我在荷兰美登堡的一家小店里看到他写的《论品格》的第二卷。因为书名很吸引人，我就把它买了下来。这本书的结构与风格给我带来极大的阅读乐趣，特别是被沙伯里先生恰到好处地命名为狂想曲的下半部。再也没有什么能比书中那些浮夸的辩论更能让我陶醉了。我并不了解作者的写作意图和倾向，只觉得他是我认识的最属灵的人，只要能跟随他，我就无比兴奋。书中那些华丽的辞藻和美妙的词句一下子就抓住了我那不谙世故的心。我将这本书随时带在身边翻看，熟悉到几乎能将狂想曲从头到尾一字不差地复述出来。这本书给我带来的影响并没有马上显现，但是它就像毒药在我里面慢慢地起效，等候着那最终发作的日子。

我在这封信中所讲述的经历可以追溯到1742年12月。那时我

约翰·牛顿自传

刚从一次远航中返回。父亲打算不再航行了,开始考虑如何为我在这个行当里谋一个职位。然而我既没什么经验,也没什么经商的天赋,对这一行的人和事知之甚少。我喜欢的是空想或冥思式的生活。这种生活既有宗教精神,又富哲学意义,还可以满足好逸恶劳的恶习,与那种勤俭经营的想法截然相反。最终,父亲的一位密友(我在地上所得的许多安慰都应当归给神手中这位良善的器皿)建议把我送到牙买加待上几年,并应承会亲自照看我今后几年的生活。我同意了这个建议,于是开始为出行做各样的准备。在我出发前的一周,父亲差我到肯特郡附近的一个地方办事。这次短途旅行本来只需要三到四天时间,只是后来发生的事所引起的变故实在太突然,重新诱发了我早年养成的好逸恶劳的恶习,从而导致了后面一连串不同寻常的情况发生,那些事正是您希望我尽可能详述的。这实在是:"人的道路不由自己,行路的人也不能定自己的脚步。"(耶10:23)

向您致以诚挚的敬意!

您最好的朋友
1763年1月13日

第一部分
第三封信：偏离正道

尊敬的牧师先生：

　　就在打算前往肯特郡的前几天，我收到了住在那里的远房亲戚的一封信，邀请我到他们家里做客。这家人和我母亲的关系十分亲密，母亲就是在他们家中去世的。自从父亲再婚后，我们之间的关系就渐渐疏远，我已经有好多年没有听到他们的消息了。由于我去的地方距离他们家不到800米，父亲就允许我前去拜访。我对这件事一点也没兴趣，但最终还是去了。在我报上自己的名字前，他们一眼就把我认了出来，热情周到地接待了我。这家人有两个女儿，他们的大女儿（好几年后我才了解到这点）刚出生时，两家的母亲就商订，等她长大后就把她嫁给我。我确实知道有些人会拿子女婚配的事开玩笑，然而这样的婚配却鲜有成功的。我之所以提起这一段，并不是说母亲料事如神，而是说这种玩笑话还真对我产生了不小的影响。我们两家其实早已断了来往，我也马上要动身前往异国他乡，况且这次我来，也只是应邀做短暂停留，本不当对这事有什么非分之想。然而，当我接受邀请来到这家拜访之后，戏剧性的情况开始发生，整个事情突然变得不同寻常了。我一看到这个女孩（她那时还不到14岁），就立刻爱上了她，从那一刻起我的心就无时无刻不在思念她。那种思念和牵挂可以和任何爱情小说中所描绘的相媲美。很快，我一心痴迷于这个女孩，将一切宗教意识都抛之脑后，对发自良心的抗议和提醒也充耳不闻。甚至可以这样说，在后来经历了那么多痛苦以及不道德的事情之后，我仍没有停止过思念她，这以后的七年，我只要醒着就会想到她。

请允许我再多叙述一点关于这次意外事件的内容和它对我日后生活的影响，以及神对这件事的干预。这里至少有两层意义：第一，由于我在这个事件中一意孤行，有很长一段时间神将我弃之不顾；第二，神重新将我拉回。由此看来，这个事件应该成为对别人的警戒和激励。

起初，除了这种无法控制的激情，再也没有什么事能让我从业已养成的阴暗忧郁的举止行为中走出来。我几乎成为一个厌世者，我虽然是那样崇尚沙伯里先生所描绘的美德与善行，但一点

第三封信：偏离正道

也不想拥有什么积极的生活，所谓成为品德高尚的人或做什么高尚的事都不再重要了。

接下来，我的信心、盼望和良心全面崩溃，心里只剩下对这个女孩子的爱慕之情。只有见到她，我才能从那种极度厌恶自己和厌恶别人的情绪中走出来。

然而，这段感情所产生的积极影响完全被抵消了。在求爱的过程中，我们的确有一些令人愉悦的时光。在那些美好的时光里，我们两情相悦、理智地探讨未来，我们的一言一行都很谨慎，敬畏并遵行上帝的旨意。那时，我们的情感是蒙受祝福的。然而，当占有欲一出现，那个被称为爱情的东西立刻就变成令人倍受煎熬的情欲，并带来极具毁灭性的后果。占有欲在我身上表现得极为强烈，我不敢把这种感觉告诉任何人，包括她在内。这种欲望在我里面就像一团熊熊燃烧的火焰，使我的内心时常受到不安的侵扰。由于我把一个受造物当成了偶像，我的宗教意识大为减弱，在不信的路上也越走越远，觉得似乎依靠自己的勤奋和努力可以在生活中得着更多，而事实上却一无所得。我的头脑中常会浮现出一些伟大、壮烈的想法，想象着自己为爱她的缘故会做出什么样的举动或遭受什么样的痛苦。然而与她在一起的时候，我连离开她寻求改变的力量都没有，更别说约束自己的举止行为了，但这并没有让我那些夸张的、完全不值一提的骄傲想法有所收敛。然而因着神美善的干预，这件令我迷乱的荒唐事最终受到拦阻，我的那些受苦的想法也随之消失。我确信自己不会再因为占有欲过强而陷入到同样的困境里。我在这事上学到的远比我想象的要多得多，也许我写出这些惨痛经历的益处就在于，借着它们提醒一些人不要陷入无法控制的情欲当中。愿这样发人深省的提醒时常会让人们想起："你们所种的是风，所收的却是暴风。"（阿8∶7）

我们再接着前面讲。拜访了远亲之后，我的心只专注在一件事上，看待事情的眼光似乎都变了。同时，我决定不去牙买加了。我既不愿让父亲知道我的真实想法，也不愿杜撰出一个理由来。于是，我在没有告知父亲放弃原计划的情况下，在肯特郡停留了三个星期，直到我猜想船已启航为止。回到伦敦后，父亲对我的不顺服大为不快，但出乎我预料的是他很快就消了气。之后不久，我与父亲的一个朋友一起出海去了威尼斯，这次旅行让我见识了同船那些普通水手的恶行。每一天的生活都充满了挑战与机遇，我从已经差不多坚守了两年的节制和秩序中再次松懈下来。我虽然有时会被尖锐的罪恶感刺痛，但并未采取任何行动阻挡堕落的脚步，也没有像此前那样从堕落中回头。我虽未变得放荡不羁，但在完全背离神的道路上又迈出了一大步。这一次，我所接受过的最大的责备和警告出现在一个梦里，这个梦的内容在我头脑中显现得异常清晰，只是持续的时间并不长。

我把这个梦写下来，并不是要讨论一般意义上梦的实质，也不是要为我自己做什么辩解。那些清楚认识圣经真理的人都会同意，有些带着训诫意味的超自然的梦，很明显是在传达来自天上

第三封信：偏离正道

的信息，这些梦或是为引导人，或是为预示未来。这些带有警示性的梦从古至今都不罕见。人的理性和这些梦的解释也不矛盾，反而能够帮助人正确解读并谨慎地接受它的引领。一位颇有名气的、富有理性的已故知名作家[①]曾证实说，如果没有我们肉眼看不见的灵界物体的作用及介入，梦即便不是完全无法说明，也是一个很难说明的现象。梦对他来说可能是一个疑问，但对我来说，我可以毫不犹豫地说："梦是确实的，我对梦的理解也是确实的。"我相信，我所梦到的一系列后果，毋庸置疑都是我在实际生活中要经历到的。这个梦用清晰直白的方式向我显明，我正在将自己置于各样困境及危险中。它也向我显明，神在我身陷困境时，心甘情愿地将救赎与怜悯赐给了我，而这本是我不配领受的。

我曾不只一次地将这个梦写给人，却从未留下过一份副件。这个梦的主要情景深深地印刻在我的记忆中。我相信，在我不断复述这个梦时，其内容上的出入并不会太大。在我看来，梦中出现的地方，很像是我们刚刚去过的威尼斯港，梦中的时间是晚上，正是我在甲板上守夜的时间。梦境大致是这样的：当我来来回回地在甲板上踱步的时候，面向我走过来一个人（我不记得他是从哪里走出来的）。他递给我一枚戒指，并特别嘱咐我要仔细保管好这枚戒指。他向我保证说，如果我能保存好那枚戒指，就会获得幸福与成功；但是，如果我丢了它或把它放在别处，我就会经历到麻烦与痛苦。我高兴地接受了那人的礼物以及他提

---

① 作者原注：巴克斯特，《论惰性》。

出的那些条件，深信自己一定能把这个礼物保存好，同时也很高兴能把自己的幸福掌握在自己手中。正当我思考这些事的时候，另一个人又向我走了过来，他注意到我手上戴着的戒指，就问了我一些关于这枚戒指的问题。我不加思索地把这枚戒指的好处告诉了他，而他却对我轻信一枚戒指能带来好处的说法表示惊讶。他向我阐述了一大堆理由，告诉我那枚戒指根本不可能给我带来任何好处，最后他直接告诉我把那枚戒指丢掉。一开始我还对他的建议感到震惊，但最终他的那些暗示占了上风。我开始思考并质疑自己的想法，最终决定把那枚戒指从手指上脱了下来，然后把它顺着船边扔进了河里。就在这枚戒指碰触到水面的一刹那，我看见威尼斯城后不远的山上（阿尔卑斯山脉的一部分）忽然迸发出一片令人惊骇的火焰，那些山脉如同我醒时所看见的那样清晰。我感觉自己做了一件蠢事，但已经太迟了。那个引诱者带着轻蔑的口气告诉我，那枚包含着神对我所有怜悯的戒指已经被我随意地扔掉了。我明白我肯定要和他一起被扔进那片燃烧的山脉中，而那烈焰正向我迎面扑来。我浑身颤栗，心里痛苦至极。正当我站在那里自责，思忖着自己大概马上就要悲惨地死去，既没有呼喊也没有盼望的时候，突然，又有一个人向我走了过来，或许这正是第一个走过来把戒指送给我的人（我并不太确定）。他问我为什么悲伤，我就把事情的经过说给他听，坦承是自己的任意妄为毁了自己，不值得怜悯。他斥责我做事太轻率，问我如果能把戒指找回来，这次能否妥善保存。我几乎不知道该如何回答

第三封信：偏离正道

这个问题，心想这枚戒指根本不可能再找回来。正在我思想如何回答这个问题的时候，我看到这个人已经潜到河中，就是我刚刚把戒指扔下去的那个地方。不一会儿，他就又浮了上来，手里正拿着那枚戒指。在他爬上船的那一瞬间，山上的火焰一下子就熄灭了，那个引诱我犯罪的人也离开了我。这正是："勇士抢去的已被夺回，已掳掠的已被解救。"我的恐惧一下子就止住了，于是满心欢喜，感激地走到那位慈爱的救主身边，想从他手中再次接过那枚戒指。但是他拒绝把它还给我，并且掷地有声地说："如果我把这枚戒指交给你，用不了多久你就又会陷入到同样的困境中，你根本无力保存它，但我会代你保存，当你有需要时，我会代你让它为你效力。"这话一说完我就醒了，醒来时的精神状态实在无法用语言形容——有两到三天的时间，我既吃不下，也睡不着，更无法做事。但不久这个梦带给我的印象就开始模糊起来，又过了不久，我就彻底把它给忘了。几年之后，我才又再想起它来。每当发现自己处在与梦境非常相似的处境中时，每当站在永恒的边缘深感无助与绝望时，我就会再想起这个梦来。我毫不怀疑，若是我的灵里的眼睛得开，一定能看见我最大的仇敌，就是那个曾经诱骗我随意背叛并放弃我的信仰宣言，并使我犯下各种罪行的引诱者。我本应看到他见我深陷痛苦时的那种得意的样子，看到他正随时等候着猎取我的灵魂并将其带入刑罚之地的机会。同样，我也本应看到，我公然反对和违抗的耶稣，正在斥责仇敌，并呼召我归属他，好像从火中抽出一根柴。他说：

23

"救赎他免得下坑,我已经付上了赎价。"尽管我的肉眼并未见到这些事,但是我得了益处,也蒙了怜悯。在我最困苦的日子,神垂听了我的呼求。神的名是应当称颂的。他重新找回了那枚戒指(或戒指所代表的一切),并答应替我保管它。鉴于我确实无力自己保管,这样的安排是何等大的安慰啊!"耶和华是我的牧者",我能够全然信服地将我自己交托在他的手中,因为我知道我所信的是谁。撒但仍意欲占有我,好筛我像筛麦子一样,但是我的救主一直在为我祷告,好使我的信心不致软弱。他的祷告成为我的保障与力量,成为我坚固的营垒,阴间的权柄也不能胜过它。但是在神为我做了这一切之后,在许多时候(只要可能),我在得蒙救赎之后仍会做出许多自我毁灭的事。若不是神以他的信实承担我的过犯,成为我的大光和盾牌,甚至替我而死,我本该绊跌仆倒,甚至灭亡。"我的心哪,你要称颂耶和华!"

威尼斯之行剩下的旅程实在没有什么值得一提的事。我于1743年12月回到了家,之后不久又重返肯特郡。像上次一样,我又采用了很不适宜的方式故意拖延着不走,再一次让父亲为着我的前途所做的打算落了空,这一次他几乎要与我断绝关系。在找到合适的工作前,我突发奇想(和以前一样完全是出于我自己欠缺考虑的举动)登上了一艘补给船。当时正值法国军舰停泊在我们的海岸,所以父亲也没办法让我出去。几天之后,我在诺尔被送上一艘名为哈威奇的战船,从此开始了全新的生活。

我在最初的一个月着实吃了许多苦。由于战事一触即发,父

第三封信：偏离正道

亲认为我应当留在海军，于是就给那艘战船的船长写了一封推荐信。那名船长就把我安排在后甲板上作了一名见习生。在外人眼里，我的工作既轻松又受人尊敬，可是我自己却一直心绪不宁，对什么都漫不经心。在那里，我结识了一群与我的道德与行为完全背道而驰的新同伴。虽然我谈不上有什么美德，从外表上看，我的行为也还没有发展到像后来那样的全然堕落，但是我所思、所想、所行的尽都是恶。与我关系最好的朋友是一个天赋很高、善于观察的人，他就是人们惯常说的"自由思想家"。我还记得他教我如何以一种完全似是而非的方法去理解他的那些观点——他巧舌如簧，对此热情极高。如果他能用舌头为自己赢得什么的话，就绝不会劳神动一下手指头。然而，这个被我尊为大师并热心效法追随的人，却以一种我已预料到的方式死去。我听说有一次在去里斯本的航行中，他所在的船遭遇到了特大的暴风雨，船上的人开始四处逃窜，这时一个巨浪打到船的甲板上，一下子就把他永远地卷走了——神按己意决定对人的饶恕或刑罚！让我们再回过头来说：我那时很喜欢与他作伴，虽然只读过有限的几本书，却很乐意向他炫耀我的书本知识。但他很快就察觉到我的真实情况，发现我其实完全不受什么良心的约束。为了不惊动我，他并没有一开始就把这个观点说出来，而是暗暗地把他的想法隐藏了起来，甚至说了一些我认为是对信仰表示肯定的话。在赢得我的信任之后，他和我说话的方式开始变得直截了当。他发现我对《论品格》这本书实在是不求甚解，就开始和我一起讨论这本书的观点,并让我相信其实我从来也没读懂过这本书的内容。简言之,他拼凑起许多的异议和争论,让我觉得自己实在是一无是处,不知不觉地就掉到他的圈套里。我就像一个在暴风雨来临之前不够警醒、擅离职守的海员,放弃了福音带给我的希望与安慰。

1744年12月,哈威奇号停泊在东印度群岛的下游。船长给我放了一天假到岸上走走。然而,我却在没有认真考虑后果的情况下,开了小差。我任凭无法控制的情欲的带领,跑去见我心爱的人最后一面。这次见面没给我带来任何满足,反而在我已有的痛苦上又增加了更多的伤痛。那段极短的停留时间好像是在做梦一样。1745年元旦那天,我返回到船上。我向船长解释为什么擅自离开,船长最终被我的理由说服了,但这次鲁莽的举动(特别是这并不是我第一次利用假期开小差)令他大为恼火,使我失去了他的好感,此后也没能再赢回来。

最终,我们与一支非常大的船队一同驶离了斯匹特角,由于风向起了变化,我们就停泊到托贝。天气很快又变得风和日丽起来,第二天我们就又起航了。船队中有好几艘船在试图离开托贝时失去了踪影。然而,到了第二天晚上,由南面袭来的一场暴风雨使整只船队在驶往康沃尔时陷入困境。由于天色黑暗,船只众多,船队混乱起来,造成巨大的损失。我们的船尽管有好几次被其他的船只碰撞,险遭不测,但最终逃过一劫,毫发无损。而其他许多船只则损失惨重,特别是那艘旗舰。这次遭遇迫使我们返

第三封信：偏离正道

回普利茅斯。

在普利茅斯逗留期间，我听说父亲因为关注那些最近失踪的船只，正准备到托贝去。父亲那时和非洲贸易公司有一些联系，我想如果我去求他，他应该可以很轻易地在这个公司给我谋一个职位，这可远比那些前往东印度群岛的变化莫测的长途航行要好多了。我受够了所遭遇的那些危险，再也不想这样过下去了。虽然那时这个想法还没有完全成形，但我下定决心无论如何也要离开这艘船。最后，我真的离开了，用的却是极端错误的方法。

一天，我被派到一只小船上，任务是防止船上的任何一个人离开。但是我背弃了别人对我的信任，私自离开了这只船。我不知道应该往哪个方向走，也不敢开口问路，生怕被人怀疑对这个地方完全不熟悉。我凭着感觉往右走出了几英里以后，向人打听了一下，发现走的这条路通往达特茅斯港。这一天一切都很顺利，第二天一开始也还好，我匆匆忙忙地赶路，盼望再过两个小时就能与父亲见面。突然，我遇到了一小队士兵。我既无法回避，也无法欺骗他们，便被带回了普利茅斯港。我被这一队士兵押解着走在街上，看起来像个重罪犯人。我心里充满了愤怒、羞耻与恐惧。我先在兵营被关了两天禁闭，然后被送回到船上，戴上手铐脚镣又关了一会儿，之后在众人面前被脱了衣服接受鞭刑。接下来，我被降了职，以前的那些同伴都被禁止向我表露任何同情，也不许和我讲话。我沦落到了最底层，所有人都可以过来羞辱我一番。

虽然我当时的处境已经很糟，但后来的遭遇则更是苦不堪言，每天都要遭受更大的痛苦。在我刚遭难的时候，船上的军官和同伴们都倾向于为我说好话，但很快，他们对我的态度就冷淡下来。的确，他们必须小心，免得与我说了些什么而给自己招致巨大的麻烦。说到船长，总的来说他是一个仁慈的人，对船上所有的人都非常好。但当受到极大的冒犯时，他总是难以掩饰憎恶的情绪，有好几次他就向我流露出这样的情绪。

这次航行原打算要用五年的时间（后经证实确是如此）。看到自己就这样被迫与心爱的人分开，可能再也见不到她，更可怕的是，想到我以这样的状况回去，想到她可能再也不会嫁给我，我的内心就深感不安，并极为恐惧。我所能想到的所有事情都令我感到极其痛苦。我的内心被热切的盼望、极大的愤怒和绝望等难以忍受的情绪折磨着。对我来说，每过一个小时都会增加一些新的刺激与痛苦，看不到一点解脱或缓和的希望。没有朋友替我分担这些痛苦，我也找不到人听我诉说。我无论向外看，还是向里看，能看到的都只有黑暗与痛苦。我想，除了被上帝的愤怒所击打，可能再也没有人比我的感受更糟了。我说不出来自己还有什么盼望和遗憾，我最后望了一眼英伦海峡，目不转睛地盯着那渐行渐远的海岸线，直到它在视线中消失。忽然，有个念头怂恿我跳入大海中，这样一来（按照我所接受的不道德的理论），我就能立刻结束自己所有的痛苦。但是上帝的手在暗中拉住了我。

请和我一起向他献上感谢和赞美,他向所有受造物中最不配受怜悯的人显出他的慈爱。

您忠诚的仆人
1763年1月15日

第一部分
第四封信：意乱情迷

尊敬的牧师先生：

  我非常希望能够听到您关于这些书信的样式和长短的意见，但是在了解您的意见之前，我还是继续往下写了。

  当我收到您11日写的回信时，差不多又快写完一章了。关于您所提出的那些中肯的意见，我将另找机会向您回复。我向主祷告，希望我不会在这件事上让您有任何的遗憾，目前我把全部精力都放在这件您指派给我的工作上。您知道，我很愿意按照您的指示，将我记忆中的一些细节也记录下来。若没有您的指教，我会认为这些事可能太过琐碎，太过个人化而不值一提。当我开始

第四封信：意乱情迷

写前八封信时，我曾经这样打算，除了那些在我生活的各个关键时期，可以清楚体现神给我的看护与恩典的事情以外，其他的内容一概不写，但我听取了您的意见，扩大了写作范围，使神的恩典得以更充分地彰显。

此外，您要求我尽可能详细地描述我求爱时的状态及进展情况。关于这一点，我自认为应当简而化之，但最终还是遵照您的要求，把这件事在我生活中所占据的位置做了恰当的还原。我发现，那时候我们双方实在都太年轻了，而且对方根本没有把这个关系看得太过认真。这不过是我们双方的朋友作为茶余饭后闲聊时的谈资而已，实际上没有人看好此事。在后来的日子里，我对她的恋慕仍在不断持续，甚至两年之后这份恋慕之情仍不减当年，特别是我在追求她的时候，完全不顾体面或后果，不顾及父亲在我身上的计划，也不考虑父亲与她家人之间的冷淡关系。直到后来，她的父母才发觉这件事的严重性。在我最后一次离开他们家的时候，她母亲仍然一如既往地疼爱我，并视我如同己出。她对我说，她并不反对我们之间的交往，但希望我们能在更成熟的时候，经过审慎考虑之后再做决定。鉴于此事引起的麻烦，她觉得自己有必要进行干预。事到如此，我觉得我可能再也不会来他们家了，除非她女儿不在家，除非我能够完全放下我的自命不凡、能向她保证，我已经得到父亲对此事的认可。由于她母亲出面对这件事进行干预，此事的进展开始变得困难。她是一个年轻、快乐、在这些事上又没有任何经验的人，所以她母亲对这件事的冷处理让她很快安于现状。此时无论是积极鼓励还是断然拒绝都会使情况变得更糟。我很快发现，她也并非完全不谙世事：她能清楚地感受到自己对我所产生的绝对的影响力，而且能够恰到好处地把握这种力量。她既没有对我的暗示作出任何反应，也没有给我留下任何向她直接解释的机会。自从第一次发觉我对她有好感时开始，她就经常这样说：早在她对我还没什么感觉时起，她的头脑中就产生一种莫名其妙的想法，那就是，她早晚都会是我的人。明确了这些事情之后，我们就分开了。

我又回到船上继续航行。在通过马德拉群岛时，我突然被一些非常阴郁的想法紧紧抓住。我遭遇这些事是罪有应得，而且船长对我的憎恶也与日俱增，好像只有这么做才能显出他的公正来。因着骄傲，我那时感觉自己的内心受到了极大的伤害，这样的伤害在我那颗邪恶的心里运作，我竟然开始筹算如何杀死他。这个想法成了我愿意继续活下去的唯一理由。我有时会在做与不做之间犹豫不决，却没有考虑做这样的事会给我们两个人带来什么样的后果。那种时候，我可以做出任何事来，眼中既没有丝毫对神的敬畏，也没有感到一点点良心上的不安。神任凭我因着偏见使自己的心刚硬。我被一个错谬的想法紧紧攫住，甚至相信自己的谎言，坚信我死了以后一切都会一了百了。然而神保守了我！他让一些严肃的思想时不时地进到我的头脑当中。当我选择死亡而不是生命的时候，他让一线希望（尽管这样的希望是如此渺茫）进入我的脑海，让我看到那些美好的日子——如果我不是

第四封信：意乱情迷

以这样随意的方式轻生，有一天我会重返英国，实现我的愿望。总之，我虽然既不敬畏神，也不尊敬人，但对那个女孩子的爱成为我唯一活下来的理由，因为我无法忍受她在我死后对我存有任何不耻的想法。我发现神在我的生活中对我的看护，哪怕是那些最不起眼的看护，都会带给我意想不到的结果（比如有一次神借着惊吓治好了我的病）。这个发现虽然没有能够让我抑制住那些成千上万的小邪念，却使我因着它极其有效的拦阻，避免了那些对我来说最大也是最致命的诱惑。我不知道在这样的困境中我还能支撑多久，也不知道这样的情形如果继续下去会带来什么样的后果，但知道那位我极少想到的神看见了我所处的危险，并把我从中救出来。

还在普利茅斯的时候，我就做出不去印度而去几内亚的决定，这个决定正好是神对我的旨意，却不会按照我自己的方式而要按照他的方式成全。这时我们已经在马德拉群岛停留了一段时间，船队结束交易后第二天我们就启航了。在那个令我难忘的早晨，我因为多睡了一会儿起晚了。这时船上的一名见习生（一个熟悉的同事）走下来，半开玩笑半认真地命令我起床。由于我没有立即做出反应，他就把我睡的那张床给砍断了，迫使我起来。我异常愤怒，却不敢表现出来。我当时并不知道他那任性冲动的举动会给我带来多大影响，这个人其实也不知道自己在做什么，他只不过是神派来看护我的一个使者。我什么也没说，上到甲板，看见有一个人正在把他的衣服扔到一只小船里。他告诉我，他就要离开我们了。我一问才知道，停靠在我们附近的一艘几内亚商船上有两个人上到哈威奇号，而商船队队长（现在是乔治·普考克先生）命令哈威奇号船长把这两个人交出来。我的心立即像一团火一样燃烧起来。我请求那只船上的人稍等我几分钟，然后就跑回去找船上的副官，恳求他们帮我到船长那里求求情，让我可以利用这个机会离开。虽然我以前和这些副官的关系并不太好，对他们多有冒犯，但是他们却很同情我，同意这次帮我说说看。当我们还在普利茅斯的时候，旗舰舰长麦德雷先生曾为我求过情，但船长当时拒绝了拿我作交换的要求，不过这次他很轻易就同意了。被人从床上叫起来到现在，不过三十多分钟的时间，我已经得了释放，并安稳地坐在另一条船上，真是难以置信。这是我生命中的一个重要转折点，我看见神对我的看护和眷顾，他让这么多不可思议的事几乎发生在同一时刻。突如其来的机遇一个接一个地发生，每一个都让我看到全新的希望，而且都是迟延到差不多最后一刻才发生。

我登上的这条船正要启程开往塞拉利昂，就是被称为非洲的向风海岸的地方。我后来发现，这条船的船长与我的父亲很熟，对我十分友善，给我安排了一些很合适我的助手工作。我相信他会成为我的好朋友，但是，我并没有从以前的错误和麻烦中汲取哪怕一丁点儿的教训，又开始重蹈覆辙，甚至可以说比以前表现得更糟。虽然以前登上哈威奇号的时候，我行事为人的原则就已经全然败坏，但是鉴于我刚到那里工作，多少还有些收敛和

第四封信：意乱情迷

保留。如今想起这些事，我对自己那些极其恶劣的行为举止深感羞耻，我本可以不那样放纵自己。如今，我进入到一群陌生人中间，就完全将自己不加掩饰地表现了出来。我清楚地记得，对于这次交换，唯一让我高兴的理由是："我终于可以无拘无束地放纵自己了。"从这时候起，我开始表现得极其卑劣，几乎已经到了不可挽救的境地，就像《彼得后书》2章14节那里所描述的一样。我不仅自己止不住地犯罪，还抓住一切机会试图引动并诱惑其他人犯罪。我太过殷勤地寻找作恶的机会，甚至不惜给自己带来危险与伤害。这些恶行的一个自然结果就是，我失去了新船长对我的喜爱，倒不是因为他有什么宗教信仰，也不是他厌恶我的恶行或我的恶行影响到他的利益，而是因为我对什么都变得满不在乎，并且极不顺服。我不能让他满意，因为我并没有打算让他满意。由于他自己的脾气也十分古怪，我们越来越容易发生冲突。此外，我的那点小聪明，除了给我带来更多的麻烦，使我树敌更多以外，一点儿没起什么好作用。我由于自以为受到了冒犯，于是就写下一首歌，歌里不仅嘲笑这只船、嘲笑船长的计划，还嘲笑船长的人格。我很快就把这首歌教给全船的人唱。忘恩负义，这就是我对他给予我的善意和保护的回报。我虽然在歌里并没有提到任何人的名字，但是隐藏在字里行间的那些暗示再明白不过了。他当然听得出这首歌的意图，也知道这首歌到底是出自谁的手……我不想更多地讲述这个故事了，就让它埋葬在永恒的沉寂中吧。但是不要让我停止对神恩典的赞美，因着他的血,我的罪得赦免,这些罪正如"古实人无法改变的皮肤,豹身上无法去掉的斑点"。然而我这个心甘情愿做了罪的奴仆、被一大群污秽的灵所控制的人却得了赦免,得到救赎,并成为永在之神的大能的真实见证。

我又这样继续过了差不多6个月,直到船准备驶离那个海岸。就在船启航的前几天,船长死了,他的副手继任船长。我和这位副手相处得并不好,他在许多时候,用恶劣的态度对待我。我一点都不怀疑,如果我继续和他驶往西印度群岛,他肯定会把我安排到一艘战舰上。根据我以往的经历,这样的安排比死更可怕。为了避免发生这样的事,我决定留在非洲,也许在这里我可以找到一个发财的机会,实现我的黄金梦。

在我们停泊的那片海岸附近,住着几个白人(我第一次抵达的时候就已经有许多白人住在那里),做着贩卖奴隶的买卖。他们从附近沿河地带和乡村把奴隶买过来,然后再以高价卖给停泊在这里的商船。其中的一个白人,在我处境潦倒时第一次来到这个地方,到这时已经积攒了大量的财富。他刚刚去过英国,返回时坐的正是我们那艘船。这艘船的四分之一为他所拥有。他的经历让我羡慕不已。我了解了进入他那行所需的条件后,就离开了那艘船。我并未想到要与他签订什么样的合同,只是对他的慷慨信任有加。离开商船后,我除了收到一张这艘船在英国的所有者发给我的支付凭证外,未领取到任何报酬。然而这笔钱也未兑现,因为在我返回英国前,这艘船的所有者就破产了。这艘船启

第四封信：意乱情迷

航的那天，我在贝纳努斯群岛登陆，只带了身上背着的那几件衣服，好像一个刚从海难中逃出来的人。

向您致意！

第一部分
第五封信：罪的代价

尊敬的牧师先生：

我们亲爱的主常说："我的时候还没有到。"这句话似乎含有某种深意，而且常常被引用。我下面要讲的是接下来两年的生活。那两年真可算是我短暂的一生中度过的最空虚的日子。由于神向我施恩的时候还没到，我生活在更加随意、可怕的境况中，完全不受约束。那时，我整个人都变得顽劣不堪，就像是一个染上瘟疫的人，无论走到哪儿都会将这病传染给别人。于是，神将我放逐到那样一个远离人世的地方，差不多是将我从人类社会中完全驱逐了出去。现在再看这样的安排，我看见的全都是神对我的怜悯。如果我的风流韵事当初向着另一个方向发展，如果我的

第五封信：罪的代价

各样计划都能成功，得以留在英国，那么我的故事很可能会有一个更为凄惨的结果。尽管我已经足够败坏，但我的那些邪恶举动还有可能向着更坏的地步发展，并对他人造成极大的伤害，使我的罪恶发展到无可挽回的地步。然而，满有智慧的神将我放到了一个地方，叫我不能对人造成伤害，在那里有少数几个人的情况和我差不太多。我很快就沦落到极其凄惨的境地，根本不可能对任何人有影响。别人对我的态度不是回避就是轻蔑，根本不会有人效法我的举止行为。有少数几个人，甚至包括黑人（第一年我住在他们中间）都认为他们比我强，所以根本不屑跟我说话。我是一个"滚在血中"（结16∶6）、无论怎么看都要灭亡的人。然而，神以他的怜悯抓住了我，并没有按我所应得的击打我下坑。"他从我身边经过，见我滚在血中，仍许我存活。"此时距离神向我彰显他的慈爱，用他的义袍遮盖我的罪并接纳我成为他的孩子还有一段时间，然而他已允许我存活。我将这一切都归功于他在暗中对我的扶持，正是这个扶持的力量让我在等候他恩典临到的间隙，仍能存留性命。我所遭遇的痛苦削弱了我里面的邪恶力量，我有理由相信这也是出于神的怜悯。

下面的内容并没有离题，我写这些是为了让您对我航行所到之处的地理位置略有些了解，我在后面也仍会提到它们。当日后神让我的处境开始好转时，我也主要是去同样的地方，与同样的人做交易。在那些地方有着最丑恶的奴隶交易，那些做交易的人也是我所见过的最丑恶的人。从位于非洲最西端的佛得角到大角山的沿海地区，星罗密布地交织着大大小小的河流，其中主要的河流有冈比亚河、格兰德河、塞拉利昂河和歇尔布罗河。以冈比亚河的知名度最高，我没去过那里，就不在此赘述了。格兰德河（很像尼罗河）在将近入海的地方分成了许多支流：最北的那条叫做卡奇河，葡萄牙人在那里有一块殖民地；最南的那条叫做努那河，是分隔白人北方贸易区的一条惯用边界。塞拉利昂是一座多山的半岛，人烟稀少，岛上长满了茂密的树木，除了靠近河的那部分以外，其他地方都很难进入。塞拉利昂河非常宽阔，适于航行。这里距离岛的东南大约有57公里，有一座由3个小岛连接组成的岛称为波那那岛，岛的直径大约有19公里长，是白人的主要聚居区。在同样的方向上再往前34公里，就是普兰塔那岛所在的地方。它由3座小岛组成，离陆地有3公里的距离，刚好形成歇尔布罗河的一边河岸。歇尔布罗河更像是一首歌（"未知河流之歌"），它在一个狭长的岛屿间流淌着，由几条大河的河水汇集而成。它比波河或泰泊河给我留下了更深的印象。这些河流的最南端有一条非常奇特的航道，几乎与海岸线平行，顺着它一直往上搜寻十几公里之后，河流离海岸甚至不足800米。我知道这些河流彼此之间都有相交之处，在许多地方也都与海有交汇点，这个我就不谈了。如果您能找到一张大些的非洲地图，一边看图一边看我所提到的地方，就会对我所去过的国家有一个大概的印象了。许多我所提到的地方图上都有标注，而且它标注的顺序也和我提到的顺序一致，虽然都不太准确。

第五封信：罪的代价

我的新雇主以前曾住在大角山附近，但此时他已经在普兰塔那3个岛屿之中最大的岛上定居了下来。这是个地势低凹、有大片沙滩的岛屿。岛的周长大约有3公里，岛上几乎长满了棕榈树。我们先是开始建造房屋，继而着手我们的贸易。我这时的想法就是要把以前损失的时间都夺回来，对自己所要做的事也表现得相当努力。我的新雇主和我相处得应该说很不错，只是后来他受到别人的影响便开始反对我。他在很多方面都受到一个黑人女子的影响，这个女人和他以夫妻的名义住在一起。她在自己的国家是一个颇有影响的人，他能发财还应当归功于她的影响。我也不知道是什么原因，那个女人从第一眼看到我就莫名其妙地对我产生了偏见。后来，我得了一场重病，使得她对我的偏见又加深了。在尚未得着机会在新主人的贸易中大显身手之前，这个病一下子就把我给打倒了。我生病的时候，雇主刚好要坐船去努那河，于是他把我留给了这个女人。起初，她还给我一点关心，但是由于病迟迟不见好转，她开始变得很不耐烦，完全不再管我。在发高烧的时候，我甚至连杯凉水都得不着。我睡的床实际上就是一张席子，铺在一块木板或柜子上，用一小截圆木作枕头。烧退了以后，我的食欲有所恢复，但没人给我送饭。她虽然有很多吃的东西，但给我的那一份仅够我勉强生存。时不时地，当她很想幽默一下的时候，就会把自己盘子里吃剩下的东西拿过来给我。这个举动使我的自尊心受到极大的挫伤，但我还是道了谢并急忙接过来，就像一个接受施舍的、饥肠辘辘的乞丐。让我记忆犹新的

约翰·牛顿自传

是，有一次当我被叫过去从她手里接过施舍的饭食时，由于我太过虚弱，手里的盘子打翻在地。那些生活在富足中的人完全感受不到我那时因着这个损失所感受到的失落。她看着我失落的样子，冷酷无情地嘲笑我。当时桌上摆满了吃的，但她拒绝再给我任何东西。有时我饥饿难耐，只能晚上跑到附近的农场里，挖点地里的根茎来吃。为了不让人发现，拿我当贼惩处，我就把刚挖出来的根茎生着吃了。我说的那种根茎，若煮熟了吃或烤着吃，对身体很有益处，但若是把它像土豆那样生吃，无论多少都对身体无益。我第一次尝试生吃这些根茎的结果，就像吃了催吐剂一样呕吐不止。由于饥饿的驱使，我后来又尝试了好几次，结果不过是又多遭了几次同样的折磨。有时也会有陌生人拿给我一些吃的东西，甚至连那些带着锁链的奴隶也偷偷地从自己少得可怜的食品中拿出一点点来塞给我（为了不让人发现）。除了要忍受难挨的饥饿，另一个让我深感痛苦的就是别人的鄙夷与轻蔑。在这一点上，我真可以说是饱尝世态炎凉。当我的身体开始逐渐恢复时，这个女人有时也会过来看我，倒不是因为她同情我或拿给我些什么吃的东西，而是过来羞辱我。她称我为废物和懒鬼，逼我起来走路，但那时我还走不太稳，她就叫她的奴隶学我走路的样子，让他们拍着手嘲笑我或向我扬石灰。他们甚至向我投石头（据我的记忆有过这么一两次），却并不会因此而遭受呵斥。总之，凡是靠她养活的人都得学她的样。但是当她不在场的时候，她的那些最丑恶的奴隶也会一改他们对我的轻蔑脸孔，反而很同

第五封信：罪的代价

情我。我的雇主结束航行回来后，我当着那个女人的面，向他大声抱怨所受的虐待，但他并不相信我所说的。第二次出海的时候，他带我一起走了。有段时间我们相处得很不错。后来，他遇到一个同行，那人挑拨他和我的关系，诬陷我常在晚上或在他出海的时候偷窃他的商品。这可能是我所听到过的最恶毒、最不公正的指控了。在我所受的教育中，最让我引以为傲的就是诚实。在雇主所交托我的事情上，我都是诚实的。尽管我最大的缺点是不太负责任，但我绝没想过在哪怕是最小的一件事上欺骗他。然而，他竟在没有任何证据的情况下，听信那人的谗言。从那时起，他开始采用非常严厉的态度对待我。只要他离开船，就会把我锁在甲板上并给我留下一些米饭作为我这一天的口粮。如果他出海的时间延长，他回来以前我就只能饿着。我本来以为自己会被饿死，但没想到时不时我还能逮到鱼。通常雇主宰杀禽类的时候，我只能分到一些内脏。于是，我就用这些动物的内脏做成鱼饵，等到水流静止潮汐开始改变的时候，开始钓鱼（其他时候是钓不上鱼的）。这时，我总能非常成功地捕到鱼。当我看见鱼咬钩的时候，我就像一个美梦成真的人那样快乐。鱼钓上来之后，我就把它快快地烤一下，既不用调料和盐，也不用面包，迫不及待地享受这顿美味的鱼肉大餐。如果一无所获，我就会饿着肚子睡下，等到下一个憩流期到来时再次进行尝试。遇到天气转冷，急需添加衣物的季节时，我就会遭更多罪。当时雨季就要到了，我全部的衣物不过是一件衬衫、一条裤子、一块棉手绢和一块半

约翰·牛顿自传

米多长的棉布。这些就是我能用来御寒的全部家当。靠着这点东西，我常常在伴随着一阵阵强风的阴雨连绵的雨季，在头顶上没有任何遮盖物，雇主又出海的情况下，一次忍上二三十甚至四十个小时。今天，当我回想起那时在寒冷中抖成一团的痛苦场面时，仍会感觉到一阵阵地难过。我当时所经受的极度的寒冷和潮湿，加上之前的那场大病，几乎使我的整个身体和精神都垮了下来。即使后来有所恢复，那次痛苦的经历依然深深地刻在我的心里，作为我对"罪的工价就是死"这句话的记念。

大约两个月后我们决定返航。在接下来的日子里，我和雇主住在普兰塔那，过的是我在前面提到过的那种日子。我骄傲的心这时已经降服下来，只是还未到认罪悔改或浪子回头的地步。这些都还离我很远，但是我再也心高气傲不起来了。我丧失了所有的意志和差不多所有的想法，也再没有了在哈威奇号上时的那些火气和极端冲动的举动。然而，我在本质上还是一只老虎，只是因为饥饿驯服了下来，等到喂饱了，又会变得像以前一样凶猛。

有一件看起来不可思议，但却是真实发生的事。尽管缺衣少食让我陷入十分悲惨的境地，但我却能不时抽出时间集中精神学习数学。在普利茅斯时我曾买了一本巴罗写的《欧几里得》，这是我在航海期间买的唯一一本书。我常把它带在身边并时常跑到靠海那侧僻静的角落里翻开来读，拿一根小棍儿在沙滩上画出各种图形。这样的时刻让我彻底忘记悲哀，不再有什么感觉。结

第五封信：罪的代价

果，在没有任何帮助的情况下，我相当出色地学完了《欧几里得》第一册的内容。

您永远忠实的仆人
1763年1月17日

第一部分
第六封信：脱离牢笼

尊敬的牧师先生：

　　"我先前只拿着我的杖过这约旦河，如今我却成了两队了。"（创32：10）雅各的故事所特有的敬虔和灵性让我受益良多，这里的这两句话更是让我思绪联翩。我还记得，在那些痛苦忧伤的日子里，就是我在上封信中所描述的那些日子里，我开始忙着种莱檬树（一种带刺的灌木或热带乔木，源于亚洲，有强韧的叶子、芳香的白色花朵，果实可食——译者注）和柠檬树。我把它们种在地里，没过多久它们就长得有小醋栗树那样高了。一次，我的雇主和他的情妇路过那个地方时，他停下来看着我，然后说："谁知道呢，等到这些树开花结果的时候，你可能已经回

第六封信：脱离牢笼

到英国，命令某艘船回来采摘你的劳动成果了。有时真有这等怪事发生，谁知道呢？"他这些冷嘲热讽的话是故意说给我听的，在他看来我这辈子再也别想离开这个地方了。但他的话却成为一个预言，他们两个人（至少是其中一个人）活着看见我从英国，按着他所说的方式重返此地，并从我亲手所栽种的这些果树上采摘下一些初熟的果实。按照我当时的处境，若不是神的美善临到我，亲自为我重做安排，后来的事情怎么可能发生呢？您不知道，在那些绝望无助的夜晚，我带着如何忧闷孤独的心情把自己唯一的衬衫洗净，然后晾在岩石上，由于睡觉时它还没有干，我只能把它穿在身上，用自己的体温把它慢慢烘干。您不知道，我那时可怜到什么程度，当我看见有船上岛的时候，心中的羞耻感常常迫使我躲藏在灌木丛中以躲避生人的面；特别是，那时我的行为举止、道德伦理和心思意念比我外面的景况更加无望。您可能根本无法想象，像我这样一个与使徒信条完全背离的人[①]，得着了多少来自于神的特殊看护和极丰盛的慈爱。那时我心里有一个热切的渴望，这个渴望既不违背宗教信条也不违背人的理性，然而按照我当时可耻放纵的生活方式来说，是根本不可能成功实现的。我认为会有成千上万个困难拦阻我达成它，但是神却乐意使我得着满足。我的这个渴望，虽然可贵，也很值得嘉许，但比起神所赐给我的恩典则全然不值一提。这个渴望就是：他使我得着赦免，使我"在耶稣基督里得以认识他"；他爱惜我的灵魂，救

[①] 作者原注：既憎恶自己也仇视他人。

我脱离地狱的败坏，转眼不看我深重的罪恶；他使我的脚步重新走上和平之路。然而，这一切只是开始，更大的祝福还在后面。他接纳我成为他所喜爱的人，使我在别人眼里蒙恩。他为我预备了许多新朋友，保护并引导我走出无数险境，让自己连绵不断的怜悯成为我每一天的冠冕。我的命得以存活，不再忍饥挨饿受冻，衣食无着，都是因为他救我脱离了这一切的痛苦。他使我的生活变得宽裕起来，让我对福音有了初步的了解，也让我认识了一大群他自己的百姓，并与一些服事他的德高望重的仆人建立起友谊和联系，然而这些恩典就像我前面所说到的那些不幸与困难一样，实在难以尽述。

我不知道在岛上的日子一共持续了多长时间，我想应该有12个月吧。其间，我给父亲写了两三封信，告诉他我的情形，希望能得着他的帮助。信中我也明确地向他表示，除非他乐意差人过来接我，否则我不打算回英国了。在那段阴暗消沉的日子，我也写了类似的信给那个女孩，使自己在最低落的时候，心里还存留着一丝再见到她的希望。父亲找到了那个在利物浦的朋友，就是在前面的信中我曾提到过的那个朋友。他将父亲的意思转告给了他属下的一个船长，这个船长刚好在准备前往冈比亚和塞拉利昂的航行。

那年的某个时间，正如我前面提到过的，我征得了雇主的同意，与岛上的另一个商人住在了一起。若没有雇主的同意，我是不能被人带走的，但这次我只是借住在那人的家里。这个安排

第六封信：脱离牢笼

对我极为有利。很快我就穿着体面地出入了，不再忍饥挨饿，还得着了合作伙伴的身份、帮助打理他家里价值几千英镑的财产。这人在不同的地方经营着好几家工厂，在基坦甚至雇白人作他的仆人。基坦是我前面提到的、靠近海岸的一条河流。不久之后我受差遣去到那里，与他的另一个仆人一起分管那里的生意。我们相处得很好，生意也蒸蒸日上，雇主对此很满意，我的日子也开始苦尽甘来。在那里居住的人称常年在非洲生活的白人为"后天长成的黑人"。这个称呼当然指的不是他的肤色，而是指他的生活习性。我自己就认识好几个这样的白人。他们自30或40岁起就开始在非洲生活，脾气、性格和习惯渐渐被当地人同化，看起来更像是一个当地人，而不是一个英国人。这些人很容易沉迷于当地那些喜爱魔法、巫术、咒符和占卜的瞎眼黑人的把戏，而不相信真正的智慧。这个欺骗的灵在我身上也有所显露（也许有段时间我也完全鬼迷心窍了），我曾经和这样的人过从甚密，若不是神看守我，我可能会继续生活在这些人当中，直至极其悲惨地死去。我并不是不想回英国，但是想到看见他们时的那种绝望，我宁愿选择待在这里，因为当时的这种绝望总比回家的那种绝望要好受些。但是，只要我有这种想法，神就会以他的方式将这些想法和计划彻底击碎，他要用自己的方法而不是我的方法救我脱离现在的处境。

就在这个时候，那艘得到命令要带我回家的船已抵达了塞拉利昂。船长在那里和波那那到处打听我的消息。后来，当他得知

约翰·牛顿自传

我所在的地方离那里还有一段很远的距离时，就放弃了。如果那时我待在普兰塔那，如果这艘船只是在波那那附近航行并在那里多停留几天，或者说如果这时我被新雇主派往他在其他地区的工厂，那么我可能在这艘船启航前根本无从听说它的任何情况。但是，这时我正待在基坦，毫无疑问这是神亲手所做的安排。我当时所在的地方离河还有一段很长的距离，距离普兰塔那有一百多公里的路程，然而离开海岸并不远，只有不到两公里的距离。这个事件中最精彩的是，当时我本打算到另外一个稍远的地方做生意，而且按计划一、两天前就该出发，但因为要等下一班船上卸下来的几件货物使货品准备得更齐全，我们就停了几天。以前我们常会到海滩上走走，期望看见有船经过，但这次的情况有些不同，因为到这时已经完全不会有船停在那里做交易了。有些船晚上会从这里路过，另一些则选择停靠在其他更远一些的地方。总之，尽管以前有些船偶然会看见岸上的信号停靠过来，但这次当我停留在那里时，完全不知道会有一艘船要在此停靠。1747年2月的一个上午（我记不清具体是哪一天了），我的一个同伴正从海滩上往下走，看到一艘船从此经过。从它释放出的烟雾看，这是一艘商船。它已经开过这个地方有一段距离了，然而由于风和日丽，船长正在犹豫是否应该在此靠岸。若不是我的同伴那天晚了半个小时，这艘船肯定被错过了。但这会儿，我的同伴看见它已经下了锚，上面的人登上一叶轻舟上了岸。这艘船正是我刚刚提到的那艘船。船上的人一下来就向他打听我的消息。当船长听说

第六封信：脱离牢笼

我正在附近时，他就上了岸把那个口信转告给我。如果我是在患病或是在普兰塔那岛挨饿期间听到这个消息，我会像一个濒临死亡的人看见救命稻草一样紧紧地抓住它。但是鉴于我上面提到的那些原因，我第一次听到这个消息时却显得极其冷漠。为了不让我轻易溜掉，船长就杜撰了一个故事给我听。他告诉我他如何将一大沓本该由他带来交给我的信件和文件给弄丢了，而且这些信件和文件都是由我父亲和他的雇主亲自口授的。他说父亲的朋友最近刚刚去世，留给我一笔一年400英镑的年俸。接着他又补充说，如果我现在的处境尴尬，他完全可以按着所接到的命令立即拯救我，即使那意味着要损失船上一半的货物也在所不惜。他所说的每一个细节都是假的，我完全不信他说的什么年俸的事，但是关于那个上了年纪的雇主的内容，有些部分有可能是真的。我并没有犹豫太长时间就决定离开，倒不是因为父亲对我的关心和他再见到我的愿望。这些对我来说都无关紧要，不足以使我下决心离开。只是对那个女孩的思念和希望再见到她的愿望，让我立即做出决定。我一想到能再有机会握住她的手，就再也不想其他的事了。船长进一步应许说，我要是答应和他回去，一路上不用做任何事，还可以睡在他的船舱里，在他的桌子上用餐，并时常陪伴在他身边。就这样，我突然间脱离了这15个月来囚禁般的生活。在这事发生前的1个小时，我一点都没有想到或期望会有这样的改变。我和他一起登上了那艘船，几个小时后基坦就完全看不见了。

盲目的人实在极其可怜，若非以这样不寻常的方式，他们什么机会也看不见！那时的我就是这样，既盲目又愚蠢，什么都不想，身处那样的景况却从来没有想过未来的方向。我就像是一朵被风卷起的浪花，随着风任意翻转，在外部环境的制约中完全看不到前面的路。然而神是盲目人的眼，是他带领我走上一条我未曾知晓的路。

如今我的心灵蒙受光照，所以可以清楚地看见，神正是运用这些看似偶发的事件，在人类生活中极其鲜明地彰显着他统管万有的权能与智慧。在约瑟的人生中发生了多少这类看似偶发的事件，其中的每一件事都为他日后的荣登高位发挥着不可估量的作用！如果他未曾做过那些异梦，如果他未曾把这些梦讲出来，如果当时米甸人早一天或晚一天路过那个地方，如果米甸人把他卖给了别人而不是波提乏，如果波提乏的妻子不是那样品德败坏的女人，如果法老的官员没有做令他不悦的事，如果这些事中任何一件事发生的方式或时间有所改变，后面一系列的结果全都会有所不同。如果是那样，神对以色列的应许和目的、使他们摆脱奴役、向他们施行救赎、帮助他们建立管理制度和聚居地等都将无法达成。如果是那样，这些事所指向并预表的中心——基督，这位应许中的救主、列国的期望，就不会出现了。如果是那样，人类就仍然活在罪中，完全没有任何指望，而神要施与罪人永恒之爱的计划就无法得以实施。这里我们可以看见约瑟所做的第一个梦与我们的救主基督的死之间存在着多么重要的联系。这个联

第六封信：脱离牢笼

系虽然隐秘，却如此丝丝入扣，它将所有伟大的和细小的事件都一并串联起来。这样的联想给信徒带来极大的安慰，让我们看见，在上帝对人类所有的干预计划中，他的心里一直有一个恒久不变、永远也不会耽误的计划，这个计划就是他对自己百姓的救赎。神的智慧、能力和信实甚至使那些看似与他的计划背道而驰的事件都能为他的计划服务。感谢您允许我表达对自己所写的内容的看法，只是请求您原谅我竟写了这么多。向您致以我最高的敬意。

您诚挚而忠实的仆人
1763年1月18日

第一部分
第七封信：濒临绝境

尊敬的牧师先生：

我以乘客的身份登上了那艘船，并与他们一起继续着采购黄金、象牙、染色木和蜂蜡的商业航行。采办这些货物所花费的时间要比购买奴隶所花费的时间长多了。船长从第一次停靠在冈比亚做交易，到我登上他的船，已经在非洲待了四五个月了。等我登上他的船以后，我们又继续航行了有差不多一年的时间。这段时间我们一直顺着海岸航行，最远曾到过位于赤道以南一度的洛佩兹角，从这里到英国比到我登船的那个地方要远1000多公里。这次旅程单调乏味，几乎没有什么值得记忆的事。我一天到晚无所事事，有时间就学数学自娱自乐，除此以外，我醒着的时候，整个生活都充满着各种各样令人厌恶的、不敬虔和亵渎的行为。

第七封信：濒临绝境

不知不觉中，我变成一名极其大胆放肆、以亵渎为乐的人。一般性的咒骂和咒诅已经不能使我感到满足，每天我都会创造出更多新的亵渎性的话语来。许多时候甚至连平时在语言表达上非常随性的船长都听不下去了，便厉声斥责我。当他听我讲完我过去的航海经历，加上他对我行为举止的观察，特别是在经历了航程快结束时我们所遭遇的许多灾难之后，船长经常这样对我说：他悲哀地发现，他实在是把一个约拿请到了船上，我所到之处带来的尽都是诅咒，他在这次航行中遇到的所有麻烦都是因为他把我带上了船。尽管我公然藐视神的权能和忍耐，神仍然对我充满了怜悯，我会谈到相关的一两件事，但其中的细节就不细说了，然后我会继续讲述一些更值得一提的事情。

虽然很长时间以来我都生活得极其奢侈浪费，但我一直不太喜欢喝酒。我父亲经常听到有人这样说，如果我能避免醉酒，那么我这个人还有救。尽管我并不喜欢喝烈酒，但我生性顽劣又喜好恶作剧，会时不时地为了寻欢作乐，提议来个喝酒比赛。按着我的说法，就是大家一起较量一下酒量。我参加的最后一次令人作呕的喝酒比赛发生在加蓬河上，这次又是我提的建议，还答应支付所有的酒钱。这天晚上，我们四五个人坐在甲板上，拿着大号的海螺壳当作酒杯，要看这次究竟谁能在这场交替喝杜松子酒和朗姆酒的较量中坚持的时间最长。每次在这样的较量中都是我率先败下阵来，因为我只要喝烈酒就会头晕。尽管如此，我还是提议由我第一个向大家敬酒。我还清楚地记得，敬酒时我说了一

约翰·牛顿自传

些"谁第一个喝醉就要受咒诅"之类的话,结果这个人正是我自己。喝了不一会儿我的头脑就不听使唤了,我站起身来,像一个疯子似的在甲板上狂乱地四处舞动起来,正当我手舞足蹈地取悦同伴时,头上的帽子从船舷上飞了出去。借着月光,我看到它挂在船边的救生船上,便急不可耐地向外探着身子,想爬到救生船里取回我的帽子。因为醉酒,我的视力发生了错觉,误以为自己能触及救生船,但实际上它离船边大约还有6米多的距离。此时,我已经有半个身子悬在船舷外,再往外探一点点,就会让自己整个人掉进水里。多亏有人一把从后面抓住了我的衣服,将我用力拽了回来。真是惊险啊!因为我根本不会游泳,而河中的水流又是那么湍急。同伴们都为能把我救回来感到兴奋不已。这时船上其他的人都已入睡。我只差一点点就要在如此可怕的状况下灭亡,带着我自己的咒诅沉入到永远的黑暗中。

另一次在洛佩兹角,我们一行人进入一片丛林里射杀了一头野牛,我们把这头野牛的一部分搬回船上,剩下一些仍留在原地,并在那里做了标记。晚上,我们回来想要拿走剩下的部分,因为出发太晚,我自告奋勇作大伙的向导,抵达目的地之前,天已经黑下来。我们迷了路,甚至快走进沼泽地中心,等我们好不容易走上干地,却分辨不出所走的方向,是离船更近还是更远。我们每走一步都更增心中的不安。夜色更深,我们好像再也无法从这人迹罕至、迷宫一般的丛林中走出来了,而且那片丛林里野兽频繁出没。我们一下子就陷入极其可怕的境地,既没有照明设

第七封信：濒临绝境

备，也没有食物，更没有武器，随时都可能会有一只老虎从树丛后面向我们扑来。天上繁星点点，但我们没有指南针，所以无从判断自己所走的方向。如果情况一直这么持续下去，我们可能就无法活着走出来了。

但是感谢上帝，他并没有让一只野兽靠近我们，而且经过几个小时困惑混乱的状况之后，月亮升了起来，使我们辨出朝东的方向。我们那时所在的地方，正如我们所料，并不是朝海的方向，而是朝向离海更远的地方。借着月光的指引，我们走了相当长的一段路，终于回到海边，平安地上了船，除了当时的恐惧和疲倦以外，一切都还不错。

那段时间，神对我的多次救赎，我都记不起来了。良心向我所发的警告，经我一再排斥，也变得越来越微弱，最后终于彻底消失了。大概几年中，至少是几个月，我的良心再没有向我发出任何警告。有好几次，我得了重病，几乎要死，但死到临头，我仍不思悔过、不改初衷，无论神的审判，还是神的怜悯，全然没有打动我。

后来，交易结束，我们离开洛佩兹角，停靠在安那波那岛，补给船只。几天之后，就是1748年1月初，我们开始返航。从安那波那到英国，若不在中间的口岸停靠，航线就会特别长，如果再加上信风导致的环行距离，我们的航程可能会超过11200公里。我们先向西航行了一段距离，来到巴西海岸附近，接着又向北，到达新大陆沿岸。在此期间，风力和天气的变化不大，我们也没有遇到什么特别的情况。我们在新大陆沿岸停靠了半天时间钓鳕鱼，这主要是为了等待风向转变，当时根本没想过这些鱼可能成为维持生存的必需品（这是后话）。

3月1日，一股强大的西风把我们带离新大陆海岸，向着故乡航行。这时我才注意到，对如此炎热的季节和如此长距离的航行来说，这艘船实在太破旧了，根本经不起狂风暴雨。船的帆蓬、绳索，还有其他许多设施都严重磨损。看来我们遇险的危险性大大增加了。

3月9日，也就是我们遭遇海难的前一天，我脑子里忽然闪过这样的念头，觉得自己长久以来好像一直是个寄居的人。在我带上船的几本书中，有一本是斯坦厄普写的《托马斯·肯培》。像以前一样，为了打发时间，我随意翻开它，像是在读一本爱情小说似的，漫不经心地读着，但这次读的时候，头脑中却不知不觉生出一种意念，即如果这本书里所说的一切都是真的，那该怎么办？这个意念对我的冲击很强烈，我最后不得不把书合上。良心这时又一次在我里面发出警告，我知道无论书里写的是真是假，我都必须为自己的选择负责。我匆忙结束了这样的思考，又投入到那些无益的闲谈和杂务中去。

然而神的时候到了。尽管我那么不情愿接受这样的定罪，但它却以令人敬畏的方式深深影响着我。

那天晚上睡觉时，我并没有感到与往常有什么不同，但是睡到一半，一个冲到甲板上的巨浪把我从梦中惊醒。大量海水从

第七封信：濒临绝境

甲板上倾泻而下，转眼灌满了我所住的那间船舱。惊恐之中，我突然听到甲板上传来一阵惊呼，说船正在下沉。我稍微回过神来，马上冲向甲板。上舷梯时正撞上船长，船长叫我去找一把刀来。当我跑回来取刀的时候，另一个跑上甲板的人一下子就被海水冲出船外。我们根本没时间为他哀伤，也没指望他能活下来，因为我们发现海水正在迅速地往船里灌。此时，船只上部的一些木头已经被海水卷走了，短短几分钟内，船的一侧就被冲出一个大洞。在这里我不想用航海术语来描述此次海难，因为没人看得懂，我只是让您大概知道发生了什么事。我回想当时遭遇，经过这么大的海难竟有人能幸存下来并讲述这个故事，实在不能不令人称奇。

我们马上找来抽水泵，然而海水灌入的速度远比我们抽水的速度快得多。于是，有些人开始跑到船的另一侧，有大约十一二人，用水桶等容器向船外舀水。尽管所有人都全力以赴，船还是几乎被海水灌满。如果船上装的是普通货物，恐怕早就下沉了。但这只船上装的，绝大部分都是远轻于水的蜂蜡和木料。

感谢神，虽然这次海难让我们受到极大的惊吓，但到了早上，灾难的猛烈程度多少有些缓解，大家感觉已是成功在望。大约过了一个小时，天开始放亮，风力也减弱了。这时我们差不多将所有的衣服、床单和被褥都派上了用场，用于吸干渗漏的海水（尽管对我们这些刚离开热带地区的人来说，天气已经相当寒冷），以防止甲板散裂开来。终于，水势缓和下来。其实开始的

约翰·牛顿自传

时候，我还没感觉到事态的严重性，我快速地抽着水，奋力鼓舞自己和同伴不要泄气。我还对其中一个同伴说，用不了几天，我们就会一边喝酒一边谈论这场灾难了。然而这个显然不如我刚硬的罪人流着眼泪回答说："不会有这样的机会了，一切都太晚了。"

早上九点左右，我几乎快冻僵了，人也已经精疲力竭，我走过去和船长说了一句话，他这时正在另外一个地方忙着。走回来的时候，我几乎是无意识地说道："如果这样做还不行，我们就求神怜悯我们吧。"这句话（尽管说者无心）是我这么多年来第一次说出的祈求神怜悯的话，我一下子被自己的话惊呆了，就像耶户曾说过的："平安不平安与你何干？"这句话对我来说意思就是：神怜悯与我何干？我再次回到抽水机旁，继续开始抽水，直到中午，几乎每次打进船内的海浪都会冲到我的头，但我将自己紧紧地固定在绳索上，不致被海浪冲走。每次船开始往下沉的时候，我心里都在期望它不要再浮上来。尽管我十分惧怕死亡，但我内心预见到的，却比死亡更可怕：如果长期以来我故意抵挡的那些经文都是真的，我该怎么办？虽然我半信半疑，但心里一直交织着绝望和烦躁。我觉得，如果基督教信仰是真的，那么我是不可能得到赦免，因此我常常想知道那最可怕的结局到底是什么。

您忠实的仆人
1763年1月19日

第一部分
第八封信：绝处逢生

尊敬的牧师先生：

　　3月10日，对我来说是一个十分值得纪念的日子。自从1748年以来，这个日子就一直深深地印在我脑海里。正是那一天，高天之上的神将我从深水中拯救出来。

　　从早上3点一直到中午，我一刻不止地站在抽水机旁工作，这时已筋疲力尽。我躺倒在床上，满心的无助与茫然，不知道自己是否还能再站起来。一个小时后，我被叫了起来，这次不是去抽水，而是去掌舵。我留在舵手的位置一直到半夜，中间只有一次短暂的休息。在这个位置上，我有了充足的时间去思考。我开始思想自己以前的信仰告白，那是我生命中的一个重大转折；

约翰·牛顿自传

我也开始思考自己言语放肆的那个时期所听到的呼召、警告和所得到的救赎。在那段特别的时期,我经常将福音(虽然我无法证明它是真的,但也不能肯定它是假的)作为自己亵渎和嘲笑的对象。我认为,如果圣经的应许是真的,像我这样一个十恶不赦、屡次背离神恩典的罪人,我的罪已经大到无可赦免的地步。似乎经文也是这么说的,我以前对圣经的内容非常熟悉,其中的许多段落我都会背,特别是《箴言》1章24~31节,《希伯来书》6章4~6节,《彼得后书》2章20节。这些经文特别符合我的情况和特点,恰好验证了我对自己的想法。于是,就像我前面说的,在恐惧和焦躁中,我等候着自己最终的灭亡。然而,我虽然有这些想法,但并不很强烈,也不是经常出现。不久之后(可能是几年),我清楚地认识了主基督耶稣那无尽的公义和恩典,这个认识使我对自己的本性和行为有了更深入而实在的了解,这是此前从未有过的。由于神深知我们的肺腑心肠,便以如此奇妙的方式让我们看见自己的罪,同时也让我们看见他的恩典。如果他要向我们展现自己的大能,我们这些软弱的罪人顷刻间就会灰飞烟灭。

让我再回过头来说这次海难。当我以为一切希望都已断绝时,却有了一个喘息的机会。到了晚上6点左右,有人说船上所有的积水都已排光。这消息使我们心中重新燃起一线希望。我认为这是神向我们显出的恩惠,就开始向神祷告。那时我还不能发出基于信心的祷告,也还不能靠近这位愿意与我和解的上帝,称他

第八封信：绝处逢生

为阿爸父。我的祷告更像是一只正在啼鸣的乌鸦，但神垂听了这些祷告。我开始思想这位时常被我嘲笑的耶稣，仔细地回想他短短一生的每一个细节。我记得，他并不是为了自己的罪而死，而是为了那些在绝望中愿意信靠他的人的罪而死。现在我主要想证实的是，我们对神的不忠，是否真的是如此根深蒂固，我宁愿相信这些都不是真的。

您一定很高兴看到我能进行如此的思考，并拥有如此的认识，但这些认识却不是一蹴而就。我现在面临的最大问题就是，如何才能赢得信心？我说的并不是拥有一个正确的信仰（那时候我既不知道信仰的本质也不知道拥有信仰的必要性），而是获得一个确据，证明圣经就是神的默示，使我有充分的理由，可以把自己的信任和希望全部交托在他手中。

我得到的第一个帮助（源于我所做出的仔细查考新约圣经的决定）是《路加福音》11章13节的经文。以前我一直认为，如果我承认耶稣基督的信仰，但在现实中却否认他生平事迹的真实性，无疑是对这位洞察人心肺腑的神的嘲弄。但在这节经文中，我却发现了一位回应寻求他者的疑问的圣灵。于是，我这样推论：如果这本书是真的，那么这节经文中的应许也应当是真的。若是如此，那么我就需要这位默示全本圣经的圣灵来帮助我正确理解这本书。神既然在这节经文中应许说，会将圣灵赐给那些祈求他的人，那么我就必须如此祈求。如果这句话真是出于神，那么他自然会使自己的话应验。《约翰福音》7章17节更加强了我的想法。我从那节经文得出的结论是，尽管我无法发自内心地说我相信福音，但至少我不会再以无所谓的态度对待它。如果我以这样的领受研究它，自然就会对它越来越信服。若有不信的人看到我写的内容，一定会说（以我对他们的深入了解），我不过是在竭力说服自己相信自己的说法，我承认的确如此。但那时神若让他们明白，一个罪人多么需要一位公义的神的救赎，就像他向我显明的一样，他们也一定会像我这样做。对我来说，当我完全被深不可测的绝望团团环绕时，福音至少让我看到了一丝希望。

风已经变得相当柔和，接下来的几天我们继续向港口靠近。尽管处境仍极为危险，但船上的人已开始从极度的惊恐中恢复。我们发现船舱里所有可移动的东西都漂浮在水中，所有盛食物的容器，由于船体的猛烈晃动都已撞得粉碎。此外，船上的牲畜，像猪、羊和家禽，在暴风雨中也都被冲入大海。结果，除了前面提到的鳕鱼外，我们抢救下来的食物只剩下那些用来喂猪的豆荚了（其实也所剩无几）。即使其他食物能保存下来，也仅够我们这些人勉强糊口一周。船帆已经被吹得七零八落，所剩无几，以至于船在风力极佳时，行进也非常缓慢。我们猜想这时距离大陆大概还有500公里（实际上远远超过这个距离）。在行进中，我们时而充满希望，时而又充满恐惧。我闲暇时间都在读经、默想和祷告，祈求神的怜悯和指教。

这样一直持续了四到五天，也许更长，直到有一天早上我们

第八封信：绝处逢生

被一阵欢呼声惊醒。这欢呼声是由甲板上守夜的人发出来的，说已经看见陆地了。听他这样喊，我们都从床上爬起来，那天拂晓的景色异常美丽，黎明柔和的光线（刚好能看见远处的景物）让我们欣喜地看到这样一幅图景：大约在30公里外的一处海角，隐隐约约呈现出群山连绵的海岸，再远一点，是两三座略小一些、刚刚露出水面的岛屿或岛礁。这个海岸的景象和位置，刚好与我们预期的目的地不谋而合，很像期待中的爱尔兰西北端的陆地。我们彼此真诚道贺，满心相信如果风力不变，第二天我们就可以上岸得到充分的补给了。船长下令将船上剩下的白兰地（只剩下不到一品脱）分发给大家，同时补充说："用不了多久我们就会有足够的白兰地喝了。"为了庆祝这个令人欢欣鼓舞的发现，我们一口气吃光了所剩无几的面包，所有人都觉得自己突然远离了死亡线。

大家还沉浸在欢乐中，这时大副异常严肃地说，他希望我们看见的是块真实的陆地。他的话使大家的心一下子落入谷底。如果这句话是从一个普通船员的口中说出来的，他肯定会被痛揍一顿。然而，大副的话却在人群中引起了这块陆地到底存在不存在的激烈辩论。

不久，这争论有了结果。我们刚才看见的那块奇异的陆地，就在太阳升起后不久开始暗淡。总之，我们过早地浪费了白兰地和面包，那块陆地是海市蜃楼，不过是一团烟云罢了。又过了半个多小时，整个海市蜃楼的景象彻底消散。海员们经常会受到这类情形的欺骗，但是在那种极端困窘的情况下，我们实在不愿意相信这事实。尽管如此，我们还是自我安慰说，虽然尚未看到陆地，但用不了多久就会看见了，阵风的风力不是一直很强吗。然而，就连这一丝的希望最终也破灭了！就在同一天，风力开始减弱，直至完全平静下来，第二天早晨从东南刮来一阵大风，径直把我们的船吹往相反的方向，随后的两个多星期，情况都是这样。由于船破损得相当厉害，我们不得不让破损的一侧总是顺着风向，等到天气转好的时候，再把船掉转过来。就这样，风带着我们在那里原地打转，与正北方的爱尔兰和苏格兰西部的路易斯岛和其他岛屿相距甚远，往西就更远了。我们当时的处境，使我们完全丧失了获救希望。我想：说不定我们那艘船是当年在那片海域航行的第一艘船。

接下来的问题是食物短缺，12个人一天的伙食是半条咸鳕鱼。淡水的储备还算充足，但我们连一滴白酒也没有，面包也吃完了。在极其寒冷的天气里，我们几乎没有衣服穿。我们要一刻不停地在抽水机旁工作，以保证我们的船能浮在水面上。极重的体力劳动加上食物短缺，大家的体力很快就消耗殆尽，有一个人就在这样严酷的条件下死去了。然而我们内心遭受的痛苦，远比身体上的痛苦要大得多。这样极度匮乏的情况实在难以为继，每个人都预见到一个极为可怕的光景：不是自己饿死，就是彼此相食。我们的希望日渐渺茫。对我来说，还有更苦的：在患难中，船长的脾气越来越坏，他几乎一刻不停地斥责我（就像我前面说

第八封信：绝处逢生

过的），说我是这场灾难的唯一起因。他认为，如果把我扔到海里（只有如此），他们才可以免于一死。他虽然并没这样做，但对我的威胁却一直不绝于耳，尤其是，我觉得他的话也不无道理，也许这些临到我们的灾难还真是由我引起的，这叫我深感不安。

最终，神大能的手救了我。尽管遭受这样的对待，我内心的希望却远超过恐惧，甚至就在我们决定弃掉船上所有的东西、每个人的脸上都显出绝望时，我感受到的希望仍大过恐惧。这时，我发觉风开始按着我们所希望的方向刮了起来，刚好让船破损的那一侧浮出水面，风力也刚好是我们那几张所剩无几的船帆所能承受的强度。在这一年当中气候最多变的季节里，这样的风力一直持续着，既没改变方向，也没增加强度，直到我们再次看到陆地，而且是真的陆地。

我们看见的是托里岛，第二天我们把船停靠在爱尔兰的斯威利湾。这天是4月8日，距离我们遭遇海难的时间正好四周。在我们快要抵达目的地时，炉子上正烧着船上最后一点食物。在抵达前的两个小时，那股好似上天眷顾、一直要保守我们抵达安全之地的风突然开始肆虐起来，迫使我们在极其担惊受怕的景况下在海上又捱过了一夜。

在人看来，我们那时的景况已经到了人的尽头。也就是在此时，我开始意识到确实有一位垂听并应允祷告的神。自从得着这次极大的拯救以来，神已多次向我显现，然而此时此刻，我心里

约翰·牛顿自传

对他却是那样的不信与忘恩负义。

　　　　　　　　　　　　　　您忠实而卑贱的仆人
　　　　　　　　　　　　　　1763年1月19日

第一部分
第九封信：回转归主

尊敬的牧师先生：

　　前面讲的是1748年我抵达爱尔兰之前的一些经历。在继续讲述我的经历之前，我想向您讲讲我那时的精神状态，以及在遭遇大难的时候，我如何胜过内心的那些挣扎。

　　与其他人一样，我也遭受了饥饿、寒冷、疲乏以及对沉船与饿死的恐惧，此外，我还体会到一种只有自己知道的说不出的苦楚。当我们的船在遭遇危险到最终获救的过程中，我可能是船上唯一感受到上帝同在的人，至少船上的其他人并没有省察到自己灵魂的需要。若非神亲自临到他们，没有一件属地的事件可以使人的心眼得开。在遭遇了这次海难之后，我的那些同伴若不是完

69

全没受影响，就是很快把它忘得一干二净，但我做不到这一点。我并不是比他们更聪明或更好，而是因为神乐意将他奇异的恩典赏赐给我，否则在面对极大的危险时，以我那样的麻木不仁和冷酷无情，以及在接受管教后越来越硬的颈项，我可能是整条船上最不可能有感觉的人。在这个令人称奇的事件中，若不是神自己"看为美"，若不是神自己要显明"在他凡事都能"的作为，我实在看不出神为什么要单单拣选我成为他怜悯的对象。

当时，船上没有一个人可以让我完全敞开心扉地交流，也没有一个人能回答我的疑问。说到书籍，我有一本新约圣经，一本斯坦厄普的书，还有一本我前面提到过的、贝弗里奇[①]主教的讲道集。特别是讲道集，贝弗里奇主教对主的激情深深地影响了我。在我研究新约时，其中有几段经文，特别是《路加福音》13章无花果树那段，深深地触动了我。关于使徒保罗的记述、《提摩太前书》1章，特别是《路加福音》15章浪子的比喻，让我感觉说的就是我自己，我深受感动。那位慈爱的父亲张开双臂跑着迎接浪子回家，正显明了良善的上帝对迷途知返的罪人的接纳。我开始持续不断地祷告，也看到神一直以来对我的拯救，我盼望神继续拯救我。在当时那种危险的情景下，我越来越认真、也越来越迫切地向这位神呼求，因为只有他才能搭救我。那时我常想：作为一名信徒，我要是能吃饱饭再死就心满意足了。然而在

---

① 贝弗里奇主教（William Beveridge,1637–1708），英国教父学家、神学家，安立甘教会主教。

第九封信：回转归主

抵达爱尔兰时，神在这件事上对我的应答，让我清楚地认识到我真正的饱足不在福音以外，只有福音才能使我一切的需要得着确实的满足。这福音的实质就是，耶稣基督的顺服和受难使人的罪得以赦免，神借着这样的福音不仅宣告了他的怜悯，同时也宣告了他的公义。

以我当时所拥有的神学观念，我认为"神道成肉身来到世间就是要使世人与他和好。"我不知道这样的理念只是把救主放在了一个高级仆从或半人半神的角色上，而没有把他放在新约圣经所描述的那位全能救主的地位上。到此为止，神在我身上已经做成了一件奇妙的事：我不再是一个没有信仰的人，而是一个真诚弃绝了以前的污言秽语、心意得到更新和变化的人，并在经过了如此多的患难之后，被带入到平安之地。这时的我清楚地感受到，我所领受的怜悯根本是我不配得的，我为自己以往虚度的年日痛心疾首，希望自己的生命立刻就能彻底地改头换面。同时，我已彻底摆脱了诅咒的习惯，这个恶习曾深深根植在我的内心，几乎成为我的第二本性。到这时为止，我看起来俨然已经成为一个新人。

圣灵以极大的能力在我身上成就了这些改变，这一点不容置疑，然而我生命的许多方面仍存在着极大的缺欠。在某种程度上，我仍受到许多罪的影响，对自己本性中的恶也认识不足。我对神律法的深度和广度一无所知；对一个基督徒应有的内在生活，即借着耶稣基督与神保持灵里的交通，持续不断地依赖他，每时每刻从他那里得着智慧、力量和安慰的奥秘,一概不知。感谢神赦免了我以往的过犯,但说到今后的岁月,我还是想要依靠自己的努力做得更好。没有什么基督徒朋友或虔诚的牧师指教我该怎么做,我所做的,就是要靠自己的努力追求公义。

不久之后,我得到了一些很严肃的基督教书籍,但因为缺乏属灵的分辨力,经常会做出错误的选择。此后大约有6年时间,我没有机会听到福音类布道或与此相关的讲论(有几次虽然听到却没有听懂)。然而神乐意将这些事逐渐显明给我,我在这里学一点,在那里学一点,经历了许多常人没有经历的痛苦,其间有段时间也与邪恶为伴。

从这个时期开始,我不再用嘲笑的口吻谈到罪,不再拿圣洁的事开玩笑,不再怀疑圣经的真理,不再轻忽良心的责备;也正是在这个时期,我开始真正地转向神。很久之后,我才敢承认自己是一名基督徒(从这个称谓的真正意义上来说)。

前面我已经讲过,在经历海难的过程中,我们以为船上仍拥有足够的淡水,特别是那时我们把所有的面包都吃完了,只剩下咸鱼,以为有足够的淡水,所以就放开了喝,这让船上的人心里大得安慰。然而事实上我们的淡水储备当时几近枯竭。当我们抵达爱尔兰时,才发现其中的五桶早就空了。当海水灌满船体的时候,船身剧烈的晃动将这些桶撞破而且离开原位。如果我们在海上就发现这个情况,一定会更加绝望。

当船在斯威利湾修整的时候,我住进了一座非常好的房子,

第九封信：回转归主

在那里受到极其友善的款待，体力和健康都恢复了。当时，我对信仰的态度已经非常严肃认真，一天两次参加教会举办的祷告会，并决定下次有机会时就接受圣餐礼。不久我就把这个想法告诉了牧师，却发现这个仪式已变得相当陈腐。

不管怎样，领受圣餐的日子终于来到了。那天我早早就起了床，认真专注地做了个人灵修，然后极其庄重地把自己永远地、单单地献给了神。这不是一个形式上的奉献，而是一个发自内心的真诚的降服，我愿意按着自己所蒙的怜悯真正地降服下来。然而由于我太过急切地想要认识自己，加上撒但极其狡猾地诱惑我，我很快就被引诱，忘记了自己在神面前的誓言。尽管如此，在那天的领受圣餐仪式中，我还是经历到平安和满足，这是我以前从未有过的感受。

第二天我和市长以及另外几名绅士一起出外打猎。我拖着一支猎枪爬上一面陡坡，当我准备举枪射击时，这支枪却在离我面部非常近的距离内走了火，烧掉了我帽子上的一个角。我意识到，当我们自以为完全平安稳妥时，我们所面临的危险可能一点都不比身临险境时小，而我们无论是处在极端危险中，还是在平安稳妥时，都同样需要神恩典的看顾。

驻留爱尔兰期间我给家里写了信。我所在的船已经有十八个月没有和外界联系，因此人们早就不对我们抱任何希望了。父亲也没指望能听到我还活着的消息。然而他在离开伦敦的前几天，收到了我的信。他当时正打算迁往哈德逊湾的约克郡长住，他在我回到英国前启航了。他本打算把我一起带上,但神对此却另有计划,我们的船因各样的原因被滞留在爱尔兰,最终父亲再也等不及了。我收到父亲写来的二三封情深意切的信,但我并没想见他,只是希望过三年后再找机会请他原谅我以前对他的冒犯。然而,在那艘本该带他回家的船上,我却没能看见他的身影。后来有消息证实说,他在船上洗澡时中风,不幸溺死。对不起,我跑题了。

父亲启程前,为了尽可能使我满意,特意拜访了肯特郡的那家人,表明了他对很久以前就订下的那个婚约的赞同。因此,当我回到英国的时候,只需要征得那个女孩的同意就够了,然而她的意见就和我第一次见到她的时候一样模棱两可。

1748年5月底,我回到英国,同一天父亲从诺尔港启航。我发现神安排了另一个人作我的父亲,就是那位把我从非洲接回来的人。他以极大的恩慈待我,并让我强烈地感受到什么才是真正的友情。他向我传达的其实远不只是良善,而我在各个方面都对他有亏欠。正如我在前面所讲述的,如果没有神在我回家的旅程中与我相遇,我就不会认识到这些,更不会有这样一位朋友。在回家之前,我正像那个被群鬼所附的人一样,没有想法、没有信念、没有兴趣、没有对过去的记忆、没有对未来的展望,完全丧失了应有的思考能力。从某种程度上看,我的理智已经恢复了。

朋友很快就向我推荐了一个船长的职位。但经过认真考虑,我暂时拒绝了,因为我当时的情绪仍十分不稳定,对事情的处理

第九封信：回转归主

也还太过草率。于是，我决定在冒险接受这个职位前，再出海航行一次，从中学会什么是顺服，并多长些见识，积累些经验。将我带回来的那艘船上的大副，选择到一艘新的船当了船长，于是我就到他的船上当大副。我到伦敦做了一次短程访问，只是想得着个机会去见见我心爱的人，但这次会面并没达到预期目的，因为我极不善于口头表达自己的意思。返回后，我将自己要表达的内容写成了一封信发给她，这样她就不能再逃避了。她的回信（虽然措词极其严谨）令我十分满意，因为我从信中得知她尚未与任何人订婚，而且对我这次的航行，也未有不愿等待的表示。若不是应您的要求，将这些琐事写下来真令我感到难以启齿。

您忠实的仆人
1763年1月20日

第一部分
第十封信：再度蒙恩

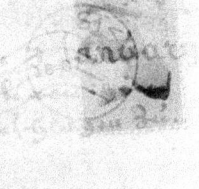

尊敬的牧师先生：

　　我的航海生涯常常使我想到，基督徒的许多经历都可以用航行中的情景来描述。想象一下，有许多船在不同的时间，准备停靠在同一个港口的不同地方。这些船有一些共同点：它们的罗盘都指向这个港口，它们所遵行的航海规则、船只管理以及船只定位观测系统也都完全相同。然而在另一些方面，这些船却没有任何相同之处：没有任何两只船会遇到相同的风力和天气。有些船出海时风和日丽，后来却遭遇到强逆风，在经历了许多艰难、危险之后，最终侥幸脱险，抵达预期的港湾；有些船出行不利，刚启航就遭遇到暴风雨，根本无法前进，但后来的航行却颇为顺

第十封信:再度蒙恩

利,并最终平安进港;有些船则遭遇到敌人船舰的猛烈攻击,不得不一路争战杀出一条血路;还有些船一路行来,所经历的却十分平淡无奇。这不正是属灵生命的经历吗?所有真正的信徒都是按照相同的原则走在属灵的道路上,思考着同样的事情。神的话是他们的指南针,耶稣是他们的启明星,他们的心灵和面庞都朝着锡安的方向。在这些事上他们都同属于一个身体,受到同一个灵的激励。虽然他们是在相同的属灵原则下被造就出来的,但他们的经历却各不相同。神对人的呼召以及对各人蒙召后的安排,都是根据各人不同的境遇、脾气、才能以及神为他们设定的服侍方向或所遭遇的试炼而定的。尽管人一生中都会遭遇试炼,但有些人的一生却比另一些人要平顺得多。但"借着风的翅膀而行"并"用手心量诸水"的那位却绝不会遭遇他曾经胜过的试炼,也不会在令人绝望的暴风雨中灭亡。

所以我们不必将别人的经历套用在自己身上,也不必将自己的经历套用在别人身上,虽说这些都是我们常犯而且还在不断犯的错误。对我来说,我所经历的每一个阶段都是非同寻常的,我还没遇到过一个和我有着类似经历的人。有过如此可怕的经历后能恢复过来的人实在是凤毛麟角。这些人蒙恩顺利通过严重的信仰危机,在神将平安赏赐给他们之后,通常都会变得异常积极、火热,比其他人更容易成为众人效法的对象。由于我的悔改还算比较缓和,远没我所预期的那样激烈,因此刚信主时并不是信得很清楚,我甚至不知道初信的那个时期就是《耶利米书》2章2节和《启示录》2章4节中所提到的所谓"起初之爱"的时期。

所有听过我经历的人都认为，当我接受了这份令人意想不到的奇异救赎，灵里的眼睛睁开，看清事情的美善后，一定会全力抓住神和他的道，再不会凭血气行事，事实远非如此。虽然我学会了祷告，对神话语的价值也有了一定了解，不再对圣经真理心存疑虑，但是我的心思意念仍然受到属地之事的辖制。离开伦敦后不久，我的信仰生活便中断了，在等候神的事上开始松懈，喜欢谈论虚空无益的事。虽然我心里经常有责备，但由于解除了自己属灵的武装，我的灵性开始急速下滑。等我们抵达几内亚时，我差不多已经把神的怜悯以及我自己的诺言全都忘光了，人也变得几乎和以前一样不堪一提（只是我不再说亵渎的话）。仇敌为我设置了一个又一个试探，将我轻易地玩弄于股掌之中。只用了一个月的时间，仇敌就让我在邪恶中丧失了警惕，犯下了几个月前我自认为不会再犯的罪行。

使徒的劝勉是多么正确啊："弟兄们，你们要谨慎，免得你们中间或有人存着不信的恶心，将永生神离弃了。"（来3:12）但谁总能谨慎自守呢！罪的运作方式是先诱人上钩，然后再将你死死抓住。此时的我就被罪牢牢地捆绑着，完全丧失了悔改的愿望和能力。我有时也会思想自己是怎么陷入到罪里的，但每次与罪的抗争都以失败告终。我就好像参孙[①]，那时他口里说"我会像其他几次一样没事的"，但却没有意识到神已经离开了他，使他

[①] 参孙，圣经旧约中的人物，见《士师记》。

第十封信：再度蒙恩

最终落入敌人的手中。神借着参孙的故事一再提醒我，如果我不能持续不断地从生命的源头汲取力量和恩典，像我这样一个软弱的受造物，实在是连一刻也站立不住。

后来，神以他无限的怜悯介入了我的生活。我这次航行的任务是，等船在海岸停靠后，便换乘长型船四处购买奴隶。那时我们的船正停靠在塞拉利昂，而我则去了普兰塔那岛——我以前受奴役的地方。我故地重游，所看到的一切又让我想起了自己的忘恩负义。这次我一身轻松地四处走动，陪在我身边的正是那些曾经蔑视我的人。我亲手种下的那棵莱檬树已经长得很高了，估计第二年就要结出果子。这让我想起，以前我曾希望有一天会驾着自己的船回来，收集这棵树上的果实。如今，那些事已不再能影响我了，只有一件事影响到我，就是我刚才说的，神再次介入拯救了我。这次神是借助一次异常猛烈的高烧断开了我身上那些致命的捆绑，让我重新恢复了自由。我看到了什么！我看到自己忘记了以前所遭受的危险和救赎，忘记了自己在困境中发出的迫切的祷告，忘记了自己在主的桌前发下的誓言，我对神的良善的回馈就是我的忘恩负义。这些事一下子全都涌入我的脑海，我甚至希望在自己第一次恳求主的怜悯时，他就该任凭我沉入海底。有一会儿，我感觉希望之门已经向我彻底关闭了，但这样的感觉并没有持续很长时间。虽然那时我感觉自己的身体很虚弱，意识也有些模糊，但我还是挣扎着从床上爬起来，慢慢地走到岛上的一个僻静处，在那里我又开始祷告。

此时的我已经不敢再擅自做出什么决定，而是扑倒在神的面前，请求神按他自己的心意待我。我不记得那次祷告时，我的头脑中是否闪现出什么特别的经文或值得注意的启示，我只记得我对这位钉十字架的主重新充满了盼望和信心，那个压在我心头的重担被挪去了，我的平安与健康也回来了。我的病并没有在祷告中立即得着医治，然而两天后当我返回船上时，就已经完全好了。我相信从病得医治的那一刻起，我就从罪的权势和辖制下得了释放。虽然我里面还存留着罪所带来的影响和痛苦，还在为"自己的重担叹息劳苦"，但我又能开始等候神了。尽管我经常使神的灵忧伤，总是因着愚昧从他身边走开，但一直以来神总是用他那极大的恩典保守我，使我再一次得以脱离罪的权势。我满心相信，神必按着他自己的怜悯和应许，引导并保守我直到那日。

在这次航行中，我将自己的空闲时间基本都用到了学习拉丁文上。这个想法是我在杂志上看到贺拉斯[①]的赞美诗后产生的。这个尝试极其艰难，因为我选择的是诗人中的诗人贺拉斯。我找到一份关于贺拉斯的古代翻译文献，这个文献附带着卡式拉丁文圣经，这就是我所能找到的全部辅助工具。我没有带字典，就用手头那本德尔菲尼的专用词汇对照表，开始一字一句地比较起这些赞美诗译文的异同，并借着拉丁文圣经的帮助，一点点地看懂了这本赞美诗的索引。我凭借这股冲劲，加上牺牲了许多睡觉的

---

① 贺拉斯，古罗马诗人、批评家。著有《讽刺诗集》、《长短句集》、《歌集》、《世纪之歌》、《书札》等。

第十封信：再度蒙恩

时间，到了快返航的时候，已取得不小的成绩。我不仅看明白了许多赞美诗的韵味和意思，读懂了一些使徒书信的内容，还学会了如何欣赏这些作品的美妙之处，并开始体会出被劳伦斯称为古典激情的那种意味。凭借这样的方式，我对贺拉斯的了解远比其他拉丁文大师更多，但由于我的资料实在有限，所以通常情况下，我都会先把他作品的某些段落记在心里，然后再慢慢地理解它的意思。

在船停靠在海岸，我自己换坐长型船外出的那8个月中，遭遇到数不清的危险，坐在这只敞棚船上，会遭遇到太阳灼伤、被冷凝的露水冻伤、还有大风、雷雨等危险。等到上了岸，我们又要在森林中长途跋涉，随时都有可能被土人袭击。许多地方的土人极其残暴、阴险、随时想寻衅滋事。他们拦截船只，给白人下毒。我自己还亲手埋葬了与我同船、因发热而死的六七个同伴。当我准备上岸，或从岸上返回小船的时候，有好几次船被急浪冲翻，由于我不会游泳，每次被冲上岸时，都差不多奄奄一息了。我多次逃脱这样的险境，若把我能记住的都写下来，恐怕几天几夜也写不完，更何况还有一些我早已遗忘了。我只给您讲一件有代表性的事，以证明神奇妙地看顾我，完全出于他自己的良善，相信您一定会认为这件事颇值得一读。

当交易结束后，我们航行到西印度群岛附近。我需要完成的最后一个任务，就是用小船将停放在岸上的木料和水运回我们自己的船上。我们当时是在塞斯特河流域，我一般都选择在下午海风不大时出发,顺着塞斯特河到取货的岸边,然后晚上将货物装船,等第二天一早乘着一股由陆地吹向海面的风再把货运回来。这样来回运了好几次,船已经破旧得几乎不能再用,而货也快装完了。一天饭后,我打算像往常一样返回岸上取货。但就在我马上要出发的那一刻,船长突然从船舱里走出来,在甲板上叫住了我。我跑回去,以为他会给我下达什么新命令,但船长却说,他仔细考虑之后,决定由另一个人代我执行这次任务。我对这个决定颇感意外,因为在此之前,都是我随这条船出去,于是就问船长原因何在。他并未告诉我任何原因,只说他就是这样决定的。于是这条船出发了,我并没有随行,但此后这条船再也没有回来。当晚这条船就沉在塞斯特河中,那个替我出行的人也在这次的翻船事故中淹死了。第二天早上,我听到这个消息时惊骇万分。船长虽说没有任何宗教信仰,也从不相信什么上帝眷顾之类的事,但也受到极大震动。他承认那时把我叫住,并没有什么特别的理由,只是有一个意念突然进到他的脑子里,促使他把我叫住。这是我生命中经历的最不可思议的事,奇怪,我怎么会在上八封信中把这件事给忘了。

您忠实的仆人
1763年1月21日

第一部分
第十一封信：寻求真理

尊敬的牧师先生：

我从这次无法预料的危险中得救几天后，随船驶往安提瓜，然后从那里又前往南卡罗来纳州的查尔斯顿。那里有许多信仰虔诚的人，但我不知道如何区分哪些人是虔诚的，哪些人不是。我以为凡参加敬拜的，都是虔诚的基督徒。对讲道的事我也不甚了了，以为只要是讲台上讲的一定都是最好的。我听过一位名叫史密斯的新教牧师讲过两三次道，以我当时对福音的了解，我觉得史密斯是一位杰出的、大有能力的传道人，他身上有一些东西特别打动我，可我就是理解不了他所说的话。可见如果不是神的灵亲自解释和启发，人的话就是说得再好也毫无果效，因为使人心眼得开的只有一位，就是神自己。

在生命中的某个阶段，神让我只从过往的经历和不断的思索中学习认识他。我那时的行为表现还十分不稳定，白天生意不忙时，我几乎都会躲到树林或旷野里（这两处都是我最喜欢的灵修之地）灵修。我在祷告和赞美的操练中，开始品尝到与神相交的甘甜。然而一到晚上，我就会把时间消磨在那些既无聊又无益的事上，但我享受罪中之乐的那个劲头已经远不如从前，更多时候我仅仅是一名旁观者，只是还没有想过彻底放弃这些活动。由于神看到我参加这类活动主要是出于对灯光的需要，而非要与那些人同流合污，他也乐意保守我不去做那些犯罪的勾当。大多数时候我的良心都很平安，内心中最渴望的也都是神的事。然而，由于我对"各样的恶事要禁戒不作"（帖前5：22）的命令还认识得不够，因此常将自己置于试探的边缘。好在神深知我的软弱，并没有让仇敌的试探胜过我。虽然我不肯与这个世界一刀两断，但神却通过一件又一件事，让我看出其中的愚昧和荒唐，而当我有了这样的看见之后，神就给我加添力量使我弃绝了它们。不过，好几年之后，我才彻底摆脱这些荒唐事，现在我无论如何也不会再去做这些事了。

我们结束航行回到利物浦，在处理完一切有关此次航行的事务后，我前往伦敦，不久之后又去了肯特郡（正如您想到的那样）。自从我第一次造访此地，已经过去七年多。这期间，没有什么比我所做的、所经历的更令人感到不可思议或沮丧了，然而

第十一封信：寻求真理

由于神超然的干预，就在我自己都感觉没有希望，只是一味地随波逐流时，有一只无形的手却引导我实现了自己的愿望。

如今一切障碍都已清除，我弃绝了从前那些恶行，有了新的生命。在发生了这么多事之后，大家都说，我们可以自行解决这件事了。于是，1750年2月1日，我们两人决定结婚。

由于在这件事上经历了太多的挫折，再加上我看见此事能够成全，完全出于神对我的怜悯与眷顾，您一定能够想象到，当我与心爱的人喜结连理时内心所感受到的极大满足。如果您回过头去看我在第六封信开头时所写的内容，我相信您一定会同意很少有人真正理解什么是生命中的痛苦或幸福。当我还太年轻（刚刚过17岁），对这些事情还无从分辨的时候，是多么容易将自己投入到一无所获的情感中不能自拔，即便这份感情有所收获，它带来的也不过是巨大的失落。我所经历的爱情长跑其实正是神所赐的一个恩典，因为如果我在神改变我之前的一两年结婚，我们双方即使能走到今天也都不会感到幸福，实在是"我一生一世必有恩惠慈爱伴随着我。"（诗23：6）

遗憾的是，我逐渐发现，我向着这位生命之主的心仍然十分坚硬和无情。神将恩典加给我，满足我物质上的所求所想，本该使我更顺服神、更感谢神的恩典。但事实并非如此，我只满足于所得的恩惠，却忘记了那位赐恩者。我那贫穷而狭隘的心灵每天只满足于属地的福乐，对属灵的事却表现得异常冷淡和疏忽。我的幸福时光很快就结束了，6月我接到命令返回利物浦进行准备，这让我一下子就从梦中苏醒。您一定可以想见得到,由于前面度过的这段美好时光,这次分别带给我的痛苦有多么强烈。

正当我难舍难离、心如刀绞时,良心说话了,说我不配得分离后再相见的福分。然而,神是我的帮助,他怜悯我这个如此容易恋慕世俗的人,引导我借着基督的宝血回到施恩座前,于是不久我的良心就重获平安。

在下一次远航中,我那放纵无度的情感已成为我心中的痛,使临到我的其他祝福都变得索然无味。然而那位让万事相互效力的神,以超然的方式让一切不好的都变为好的,他使我心中的思念化为恒切的祷告,我很少再外出游荡取乐,从内心里愿意弃绝旧我,这些都为我日后生命的进深打下了良好的基础。

当我在英国驻留期间,我们是每信必回。后来出海了,由于发出的家信要等六至八个月才能抵达,我就一直保持着每周写二至三封信的习惯(如果天气和生意允许的话)。我的信通常都很重,却没有一次寄丢过,现在我的办公桌上就放着一封大约有两百页厚的信。我提起这样的小事,是因为写信使我们分开的日子变得好过了许多,也收到了意想不到的效果——我养成了针对各种不同主题的思考和书写习惯。随着我在信仰知识上的增加,我写信的内容也变得越来越严肃。有时,我会把这些信找出来重新读一下,仍可从中获益,特别是这些信让我回想起许多神看护我的往事,也让我想起自己在每次航行中的心路历程,不然我早就把这些忘掉了。

第十一封信：寻求真理

1750年8月，我从利物浦启航。这次的航行并没有什么特殊事件，整个航程单调乏味，但是我很愿意把此后直到1775年（从这年起我的情况开始稳定下来）的经历简单讲述一下。我这时已成为一名船长，管理着30个人，我努力恩待他们，尽量以身作则。同时，根据敬拜仪式的要求，我也养成了每逢主日参加两次公众敬拜的习惯，并尽可能地参与服侍，同时，我仍然坚守自己的岗位。

由于有了更多空闲时间，我就继续学习拉丁文，并取得了相当不错的成绩。这次出行我没有忘记带上字典，并买了几本其他人写的书。我似乎总是倾向于从比较难的入手，除了贺拉斯之外，我又开始阅读诗人尤维纳利斯[1]的作品并在散文作家中选择了李维[2]、凯撒[3]和撒路斯提乌斯[4]的作品进行研读。您一定会想，一上来就阅读贺拉斯和李维的作品，实在不是一件轻松的事（我完全可以不这么做）。这些作品在风格上有什么不同，我一无所知，只知道李维是颇受大家赞誉的作家，就下决心一定要看明白他的书。在看第一页的时候，我就给自己立下一条规矩，这规矩我后来也很少违反过，即我如果没有看懂第一句话，就不看第二句，

---

[1] 尤维纳利斯（Decimus Junius Juvenalis，又译朱文纳尔，约60年-127年）罗马伟大的讽刺诗作家。
[2] 历史学家(Titus Livius，公元前59年-公元17年)，全名提图斯·李维，古罗马历史学家。
[3] 盖乌斯·尤利乌斯·恺撒（Gaius Iulius Caesar，公元前102-公元前44年），罗马共和国末期杰出的军事统帅、政治家。
[4] 撒路斯提乌斯(Gaius Sallust Crispus，公元前86-公元前34年）是一个活跃于政界的显赫人物，曾当选为公元前52年的保民官。西方史学界把他与李维、塔西佗并列为"罗马三大史学家"。

直到把第一句看懂为止。我经常会遇到难懂的地方不得不停下来，却从未因此气馁。遇到实在生涩难懂、不得不违规的段落，特别是手头只有作品本身而没有其他辅助解读材料的时候，我就把它们跳过去，但这样的情况并不多见。当航行快结束的时候，我已经能将李维的作品（除了极少数的地方以外）从头到尾很顺畅地读下来，像读其他英文作家的作品一样。由于我攻下了这本最难读懂的书，因此在阅读其他作家的作品时就不觉得有多难了。

长话短说，在这两三次航行中，我对最优秀的经典名著已有了一些基本的了解（我将所读过的同一类作品都列在这里），我读了图利、维吉尔、布坎南①、伊拉斯谟②、卡斯米尔的作品和西塞罗③的部分作品。后来我自己也开始极力模仿西塞罗的写作风格写作，认为能够写出纯净而优雅的拉丁文作品实在是一件非常美妙的事。我曾尝试写过这一类的文章，然而这时，神的意思却是要我回到他的身边来亲近他，将那更有价值的"重价的珍珠"指给我看，就是隐藏在圣经中的无价之宝。因着这样的看见，我心甘情愿地放下了自己刚刚得着的、文学上的满足。我开始思考生命的意义，生命如此短暂，我实在不应该把它荒废在这些看起来精细华美，实际却毫无价值的事物之上。无论是诗人还是历史学

---

① 布坎南(George Buchanan,1506年–1582年)，苏格兰政治理论家，著有《论苏格兰政府的权利》。

② 伊拉斯谟（Desiderius Erasmus，约1466年–1536年），荷兰哲学家，16世纪初欧洲人文主义运动主要代表人物。

③ 西塞罗（Marcus Tullius Cicero，马库斯·图留斯·西塞罗，公元前106–公元前43年）。古罗马著名政治家、演说家、雄辩家、法学家和哲学家。

第十一封信：寻求真理

家，都不能将耶稣的话告诉我，因此我情愿将自己转向那些能将耶稣的话告诉我的人。

刚开始我会一周花一个早晨的时间读那些经典著作，后来我就干脆把它们全都放在了一边。如今我已经有五年多的时间没有再去读李维的作品，可能又看不懂了。我仍然很欣赏贺拉斯和维吉尔作品中的某些片段，但它们却根本无法改变我的生命。与埃尔塞维尔的全部著作相比，我更喜欢布坎南的诗歌。拉丁文的著作除了能满足我对实用性和求知欲方面的需求外，对我没有什么别的益处。

当我放弃了阅读李维的作品时，同时也放弃了数学学习。我发现这两样东西不仅消磨掉我许多时间，还完全占据了我的心思意念，令我的头脑充斥着各种各样别的计划，无法冷静地思考真理的奥秘。这些东西既不能给我带来安慰，也不能叫我悔改，反而让自我越发的被夸大，而我在耶稣的生命以及保罗的书信中均没有看到这些东西。我并不后悔自己花费了一些时间在这类知识上，反而要赞美主及时阻止了我，没有让我继续在那些"劳力却不得饱足"的事情上浪费时间，感谢主将"不用银钱也不用价值买来的酒和奶"摆在我面前。

我第一次航行历时14个月，其间经历了许多危险与艰难，但并没有发生什么特别不同寻常的事。由于我打算详细地谈谈第二次航行的经历，所以关于第一次经历，我只能说，神再一次使我脱离了一切危害，远离了各样罪恶，并在1751年11月2日将我平安

约翰·牛顿自传

地带回到我日思夜想的家。

您的仆人
1763年1月22日

第一部分
第十二封信：百般试炼

尊敬的牧师先生：

我真希望自己在上一封信中没有做出那样的承诺，担心自己因承诺太多而显得过于自高。我能写出什么值得人看的东西呢？但让我颇感欣慰的是，我在这里写的一切都只是给您一个人看。我相信无论我写了什么，您都会怀着善意原谅我。

就在结束第一次航行后不久，具体地说，就是我婚后进行的两次航行之间的那段时期，我养成了记日记的习惯，这个习惯让我受益良多，虽然当时我的内心仍然充满着忘恩负义和邪情私欲。我悠闲自在地生活在一群朋友当中，诸事顺心，不再关注属灵的事，所以每天的生活总有不荣耀神的地方。然而，总体来说，我在信仰上已经扎下了根。这段时间，我读了许多书，这些书让我对基督教的教义和知识有了更深入的了解，特别是斯库加的《上帝的生命在人灵魂深处的体现》、哈维的《默想》以及加德纳上校的传记。只是我对基本讲道法还不太了解，也没有从基督徒朋友那里得到什么帮助。我灵里极其胆小畏缩，生怕别人说我太过死板。虽然我每天都需要祷告，却不敢主动提出祷告，甚至不敢向妻子提，除非她主动向我提出祷告的事。虽说一个得到恩典多的人本当有更多的爱，我对神的热忱与爱却远远不够。

几个月之后，我得到命令返回船队再次到国外远航。1752年7月，我随着一艘新船从利物浦启程了。

海上生活使我没有机会与其他的信徒一起领受圣餐并参加团体活动，然而这并没有让我感觉有什么特别大的损失。从许多方面看，我不知道还有什么比唤醒人的灵魂、在人的心里建立起上帝的生命更完美的呼召，而这个呼召对像我这样指挥船只在海上航行的人来说更为可贵，它让我能利用手中的权柄去劝阻别人行那些不合神心意的事，同时也能有效地分配好自己的时间。特别是当我们的船航行到非洲，船上的人数比其他船只多出一倍的情况下，我所蒙受的呼召仍能使我将船只管理得井然有序。除了偶尔工作繁忙，我拥有大量的空闲时间。在海上生活的那些日子，有数不清的试探环绕在身边，我要想脱离这些试探的引诱，就必须将心思意念随时转向神，在心灵最深处思想神奇妙的作为。面对一望无际的天空和海洋，我清楚地看见他对我们的看顾几乎

第十二封信：百般试炼

无时不在，他每天都在回应我们的祷告。这样的看见使我的信心得着极大的激励和坚固，相当程度上满足了我在属灵追求上的需要。以前，我认为这种需要只有上了岸才能满足。

尽管这时我对属灵事物的认识（或者说是知识）还十分有限，但在回顾过去的经历时，心里时常感到遗憾。我头两次去几内亚，无论是在船上，还是在岸上，都处在一种与世隔绝的状态中，那时我还不知道与神相交能带给我如此甜美而亲密的感受。我徜徉在森林中，思想着神所赐予我的独特的爱，而我所在的地方，周围方圆几千英里之内，可能连一个认识的人也找不到。这样的时候，我时常想起普罗佩尔提乌斯①的那些提献给神的美丽诗句。这些诗句虽然充满了凄凉与悲哀，却给信徒带来许多安抚与慰藉：

> 神啊，当我与你行走在人迹罕至的旷野之地，
> 你让我感受到的是无比的快乐！
> 你是我的安息之所，你是我的光，
> 在深夜的黑暗与孤寂中，你是我的陪伴。

这次航行中，神以奇妙的方式保守我脱离了许多有惊无险的处境。一次，与我同船的人密谋从我手中夺船去投靠海盗。然

---

① 普罗佩尔提乌斯（Sextus Propertius），古罗马诗人，以写作哀歌体诗歌，特别是爱情哀歌闻名。奥维德和后代拉丁诗人深受他的影响，彼特拉克、歌德、庞德对普罗佩尔提乌斯也很推崇。

而，就当他们的时机快要成熟、计谋即将得逞的时候，当中的两个人却在同一天染上了急症，其中一人病死，成为这次航行中唯一一个我亲手埋葬的人。这个人的死使整个事情搁浅，并最终暴露了出来，若非如此，后果将不堪设想。此外，船上的奴隶也时常密谋暴乱，有几次甚至已经到了暴乱的边缘，但最终都被及时发现。当我自以为最安全稳妥的时候，突然间就会有危险的警报响起，而当我处于生活中最绝望的时刻，突然间就会有拯救临到。这次我们在海岸停留的时间很长，交易变得异常危险。无论我是在船上还是在岸上进行交易，时常会遭遇到死亡的威胁，下面这件事就是一个很好的说明。

一次，我停靠在大角山附近一个叫做马那的地方，准备上岸处理一宗非常大的交易，同时还需要安排一下有关账务往来方面的事宜。我打算第二天一早上岸。早晨醒来，我正准备离船上岸，这时，海浪突然开始猛烈地敲击海岸，海水也瀑涨起来，使我开始担心上岸的危险。虽然我可以尝试冒险登陆，但心中有一个力量把我向后拉，使我不得不倍加留意——海浪太大，我必须放弃登陆。在犹豫了大约半个小时之后，我决定放弃这次交易的机会。我本以为那天早上一定能做成那笔交易，但不久之后，我明白了神拦阻的真实原因。原来，就在我打算上岸的头一天，有人向我发出了一项意在中伤且毫无根据的指控（我并不知道是谁挑起来的），这项指控无论是在非洲还是在英国都会极大地威胁到我的名誉和利益。如果那天我按照自己的原计划登陆，我的性

第十二封信：百般试炼

命都会遭受威胁。关于这个莫名其妙的事件的详情，我会在附寄的信中再向您本人提及，就不在这里赘述了。总之，这件事的企图就是要毁掉我的生活和信誉，其后果极有可能使我这次的航行毁于一旦。最有可能涉入这个事件的人，曾向我借过100英镑，可能他压根没打算把这笔钱还给我，所以还钱时他显得气鼓鼓的。我为这事有好几个小时都感觉特别不快，不久之后也就慢慢平静下来。那项对我的指控是到下一次航行时才听到的。那时，这项捕风捉影、意在中伤的指控已经传得沸沸扬扬了。

正是在这些人世沧桑和困境中，神的保护临到了我，使我的信心和耐心在各样的环境中得到很好的操练，神也赐给我够用的力量。好在这样的事情并不是每天都会发生，因此只要生意许可，我就会把精力投入到拉丁文的学习中，关于这一点我在上封信中已有简单的交代。我现在的时间分配已经变得相当有规律：我会花八个小时睡觉和吃饭，八个小时锻炼和灵修，八个小时看书。就这样，因为每天都安排了各种各样的活动，所以每一天我都过得很充实，没有一个小时是荒废的。学习使我变得很忙，学习成果也很不错，让我感觉时间没有白费。只是我从中所学到的不过是一些虚假的教条和道理，结果是我开始无可避免地对那些经典作家推崇备至。为了使我的拉丁文更加炉火纯青，我认为自己除了读李维的作品之外，还应该读卡桑德拉①和克里奥帕特

---

① 卡桑德拉（Cassandra），希腊神话人物，是希腊神话中的第一位女预言家，她是特洛伊国王布莱姆的一个女儿。

拉②的故事。虽然这些故事和李维的风格大不相同。

离开海岸之后我们一路驶往圣克里斯朵夫。抵达目的地之后，我又以近乎自虐的方式开始思恋起我的妻子来。我期盼着收到她写给我的信，但这些信却误投到安提瓜，就是我们上一次停靠的口岸。我知道她写信的日期极准确，如果她还活着，肯定不会这么长时间不写信，所以我断定她一定是已经死了。这个揣测让我感到越来越恐惧，以致不能吃也不能睡，胃部也感到持续不断的疼痛。大约有三周的时间，我在自己假想出来的打击中几乎要死。

我陷在自负和疯狂这两种情绪中不能自拔，出现了一系列比伤心欲绝更为激烈的情绪反应。有多少时候陶器在与造它的窑匠抗衡？它们之所以没有破碎，完全是因着他奇异的恩典。我与神的抗衡已不再只是哀伤，我的良心也开始发出怨言。我认为神之所以将妻子从我身边夺走，是因为我对他的不忠，特别是我从不愿意谈论属灵的事，甚至不肯和她谈论这些事。正是这样的想法使我倍受打击，也使我丧失了那些无法衡量，也无法挽回的生命长进的机会。我想如果我能向全世界宣告她还活着，我情愿用书面的形式承诺我的誓言，即使这意味着我再也无法看见她。

就这样煎熬了几个星期之后，我决定派一艘小船前往安提瓜

---

① 克莉奥帕特拉（Cleopatra VII，公元前69年–公元前30年），埃及托勒密王朝最后一位女王。她才貌出众，聪颖机智，一生富有戏剧性。特别是卷入罗马共和末期的政治漩涡，同恺撒、安东尼关系密切，并俨以种种传闻逸事，使她成为文学和艺术作品中的著名人物"埃及艳后"。

第十二封信：百般试炼

看一下。结果这只小船给我捎回来好几封妻子的来信，这些信使我重新恢复了健康，也赢回了内心的平安。这件事让我看到，我的小信与忘恩负义在神的美善面前，是多么的不堪与惨淡。

  1753年8月，我重返利物浦。这次我在家待的时间并不长，只有短短6周，其间并没有发生什么特别值得记念的事。我会在下一封信中讲述我第三次，也是最后一次的航行经历，我希望能很简短地将自己这些经历讲述出来，因为其中有些细节甚至连我自己也觉得十分乏味和琐碎。若不是您要求我把它们写下来，我真不知道该如何落笔。

您忠实的仆人
1763年1月31日

第一部分
第十三封信：初熟之果

尊敬的牧师先生：

我第三次航行的时间不长，没有像前两次一样遇见那么多的麻烦事。起航前，我遇到了从前曾经和我一起在哈威奇号上当见习生的一个同伴。我们刚认识时，他是一个非常严肃的年轻人。当时我曾屡次尝试用那些放荡不羁的行事原则影响他，都没能获得成功。这次我们在利物浦再次相遇的时候，由于以前的工作关系，马上就熟识起来。他头脑清晰，博览群书。我们经常会谈到宗教方面的问题，我特别希望能够弥补我曾经对他所造成的伤害。我简单地向他讲述了我生命改变的方式和原因，并且尝试用各样的理由说服他放弃那些无神论的想法。当他无话可说时，就会提醒我说，他之所以有这些自由、不受约束的想法，我

第十三封信：初熟之果

正是那个始作俑者，他的提醒引起我许多痛苦的回忆。那时，他正准备独自前往几内亚，但就在起程前，他将要搭乘的那艘船却破产了，完全打乱了他的航行计划。由于那一年他并没有其他计划，我就建议他到我的船上来与我共事，这样也可以学习一些海岸方面的知识，我的雇主也答应了。我之所以想给他提供这份工作，并不是想在空闲时与他一起讨论生意上的事，而是希望在航行中，用我的观点、行事为人的准则以及祷告去影响他。虽然我的意图是好的，但并没有为这个决定仔细思考过，以致日后常常为此后悔不已。他极其喜好属地的事物，而且这种倾向变得越来越强烈。我从他身上看见了从前的那个我，常感觉十分难过。此外，他不仅对我的责备充耳不闻，而且尽其所能地抵消我对其他人的影响。由于他的情绪极易亢奋，情感也极其难以控制，我不得不小心翼翼地命令他尽可能地保持节制。有一段时间，让他继续留在身边令我感觉有如芒刺在背。后来我终于找到一个机会，在船停靠的海岸买了一艘小船，自己花钱买了些货物，然后将船与货物一并交给他打理，让他离开我自行管理与这艘船相关的一切事务。当他离开时，我一遍遍地劝告他，期望他能看在我们之间友谊的分上记住我的劝诫。然而，我们俨然是生活在两个不同世界里的人。我离开他的时候，他似乎受到很大的影响，但我的那些话他一句也没听进去。当他发现自己终于脱离了我，可以不受约束时，他就一下子松懈下来，开始为所欲为地放纵自己。他肆无忌惮地犯罪，加上当地气候极其炎热，不久之后就患上一种致命的高烧，没几天的工夫就病死了。他临死时接受了耶稣，但这并没能使他活下来。与他共事的那些人向我讲述了他的那些恶行劣迹，讲到他狂乱和绝望的情绪如何令他们深感恐惧，还讲到他在死期将至、尚未想到或寻求神的怜悯之前，如何预见到自己的死亡。我之所以将这件事写下来，是希望您更清楚地看到，神临到我这个罪魁身上的怜悯是何等浩大。

大约4个月之后，我离开了停靠的海岸，驶往圣克里斯朵夫。在这之前，我虽然航行在外已经有几年了，还跨越了几个不同的气候带，但我的健康状况却一直极好。这次出发后不久，我就开始发烧，几乎病得要死。关于这次经历的种种细节和心得，我会在另外邮寄给您的三四封信中提到，在这里先暂且不提。其中一封信就是我在生病时写的，那时我几乎连提笔的力气都没有，几乎以为自己再也写不成信了。即使在这种肉体和心灵都软弱的时刻，我内心的希望也远远超过惧怕，灵里仍然十分镇静，一无挂忧地等候神医治的到来。尽管我的信心十分软弱，但我仍将眼目单单地定睛在耶稣的宝血和公义上，神那句"凡靠着他进到神面前的人，他都能拯救到底"[1]的话也给我带来极大的安慰。

有段时间总有一个想法在里面困扰着我，我说不清那到底是一个试探，还是因为高烧使我的头脑发生了紊乱：我似乎不再害怕神的烈怒和审判，好像置身于亿万个失丧、被撇弃的灵魂当中，正与他们一起走向那个未知的世界……我怎么会在这一群人

---

[1] 《希伯来书》7章25节。

第十三封信：初熟之果

中呢？这个想法给我带来极大的困扰。难道神根本没眷顾我吗？这个问题困扰了我相当长一段时间，最后是一段清晰呈现在我头脑中的经文彻底打消了我的疑虑——"主认识谁是他的人。"[①]10天之后，出乎那些关心我的人的意料，我的身体开始复原，等我们抵达西印度群岛时，我已经完全好了。这次生病使我受益匪浅。

到这个时候，神用他隐秘的方式已经带领我走过了6年时间。其间我对自己内心当中的邪恶已经有了一些了解，也反复阅读了好几遍圣经，还阅读了一些其他有益的书籍，对福音真理也有了一些基本的认识，但仍有诸多疑惑。而且这时我尚未遇见一个基督徒能帮助我解答那些疑惑。然而当我们抵达圣克里斯朵夫之后，我认识了一位从伦敦过来的船长，他所说的话对我很有帮助。他一直在B先生的教会中聚会，B先生是一位对属灵之事颇有认识、与神有着活泼交往的人。我们是在一次闲聊时认识的。认识之后不久，只要生意许可，我们两人便形影不离。有将近一个月的时间，我们每晚都要聚在一起，不是在我的船上，就是在他的船上，经常一聊就聊到天亮。我全神贯注地听他讲话。最可贵的是，他所讲的不仅让我的心眼得开，明白属灵之事，还燃起我心中对属灵之事的热忱。他鼓励我在公祷中开声祷告，让我懂得基督徒相交的重要性，敦促我在公开的场合勇敢地向神说出我的信仰告白。从他那里，或者说神借着他在我身上工作，使我的知识得以增长，使我对真理和福音的认识更加清晰，使我从长期困

[①] 《提摩太后书》2章19节。

扰我的恐惧中得到释放，那恐惧常使我陷入到上面提到的不信的状态中。如今我开始认识到恩典之约的确实性，知道自己必蒙保守，我不再依靠自己的能力和圣洁，而是借着信心，依靠神的大能和应许，来学习信靠这位永不改变的救主。此外，他还给我讲解了宗教概况，让我了解到各个时期基督教曾经犯下的错误以及所存留的争议（对这些事我完全是一个门外汉）。最后他指教我到伦敦之后应如何得到进一步的造就。在得到这些有益的信息之后，我与他依依惜别。返程途中，我将所有空闲时间都用来消化我所吸收的信息。在那七个星期的时间里，我心里满有安慰和自由，头上的乌云也消散了。1754年8月，我安全抵达了利物浦。

我在家只停留了很短一段时间，11月初我再次做好了远航的准备，然而这次神按自己看为美的旨意介入了我的计划。在我从事奴隶贸易的这段时间，我从未置疑过这件事的合法性，若非神向我指出来，我可能对这件事一直都很心安理得，不会想到这会是极为非法的勾当。虽然这份工作让我跻身于上流社会，收入也颇丰厚，但神并不认为这样积聚起来的财富会给我带来什么好处。尽管我认为自己在这份工作中担任的不过就是监狱看守的角色，但有时想到自己这一辈子都要和手铐、脚镣打交道，心里难免受到震动。所以，我就开始为这件事向神祷告，神也乐意（在他所定的时间）为我重新安排一个更仁慈的工作，若他愿意，甚至可以为我安排一个能够更多与他的百姓相交、更多参与教会敬拜的工作，将我彻底从难以忍受的长期离家的状况中解脱出来。

第十三封信：初熟之果

如今我的祷告已蒙应允，尽管有些出乎我的意料之外，但是我的生活真的发生了不可逆转的改变。就在我准备起航的前两天，我像往常一样身体十分健康。下午，我和妻子两个人照常坐在一起喝茶，随意地聊着一些往事。这时，一阵突发性痉挛向我袭来，我一下子就丧失了知觉，身体也完全动弹不得，除了还有呼吸之外已没有了其他的生命体征——可能是中风。这个症状持续了大约一个小时，当我的意识重新恢复过来时，我感觉到头部一阵疼痛和眩晕。医生劝告我，在这种情况下继续远航实在是一个危险且不明智的举动。于是，我采纳了雇佣我的船主的劝诫，在船起航的头一天辞掉了船长的工作。神就是以这样出人意料的方式将我召离了那份工作，使我不再承受这次远航带来的后果。事后证明这后果极其可怕，那个替我履行船长职责的人，还有船上大多数官员及船员都没能从这次远航中幸存下来，而且当这艘船返回时，已经破损得相当厉害。

因为辞掉了工作，我就离开利物浦，第二年一整年都待在伦敦和肯特郡。但是从这时开始，我也遇到了一个新的试炼。由于我有大量的时间在家里无所事事，妻子对我这样的状态感到绝望。事实上，当我在承受失去工作的打击时，她也在承受着相同的打击。刚开始时，我并没有看到这个打击对她有什么影响，后来因为看见我的情况一直未见好转，这个打击对她的影响才开始显露。然而，我从这个打击中慢慢地恢复过来，与此同时，她却变得越来越虚弱，致使她的身体功能开始发生紊乱。医生并没诊断出她的身体出了什么问题，药物也没能使她的症状有所好转。虽然没有什么明显的事消耗着她的体力，但她就是这样眼见着一天比一天衰弱下去，直到有一天她虚弱到几乎无法忍受有人在她的房间里行走。有大约11个月的时间，我都是生活在杨博士所描述的生活状态里：

> 看见的尽都是恐怖，
> 每个小时都如同暗夜。

直到我在现在这个工作上安顿下来之后，神才使她得以恢复，而这时我们一切属地的盼望都已彻底断绝。在这之前还发生了一些事，关于这些事的详情我会在下一封信中进行描述，来作为这个书信集的结束。

您忠实的仆人
1763年2月1日

第一部分
第十四封信：忠心侍奉

尊敬的牧师先生：

按着在圣基特岛认识的那位朋友的指导，返回伦敦后不久，我就找到了属灵伙伴。我首先认识的是B先生，只要我人在伦敦，就会常去听他布道。无论是在公开场合还是在私人会晤中，他都给我提供了许多帮助。从一开始他就对我十分友善，直到今天都是这样，我们之间的亲密关系与日俱增。在我所有的朋友中，B先生是我最为感激的人。接下来我第认识的第二个属灵伙伴是已故的H先生。他是一个有着美好的灵性，对服事神充满热诚的人。他去世前我们两人一直有书信往来。此后不久，当W先生从美洲返回时，我刚认识的那两位好友就把我引见给他。虽然此后很长一段时间我并没和W先生建立起什么私人关系，但他的布道却使我极为受益。与此同时，我也接触了一些基督教团体，私下里认识了许多极好的基督徒。就这样，在伦敦的时候，我生活的环境和结交的朋友给我的属灵生命带来许多益处。

当我回到肯特郡时，情况却大为不同，当然在那里我也认识了一些虔诚的信徒，而那里景色宜人的大片绿色田园使我得到的是另一种益处。如果天气晴朗，我每天大部分时间——至少是几个小时，都会用在灵修上，有时是在茂密森林，有时是在高高的山冈。灵修已成为我多年养成的习惯。只要有机会，我总能在这些田园风光中使我的灵得着更新并重新安静下来，那变化多端的美景使我的心大为舒畅。每当我从人群的喧嚣和琐碎的工作中退出来，都仿佛置身于神为自己的荣耀而亲手建造的圣殿之中。

乡间的生活对我心灵的转变极有好处。今天再回顾那些美好的日子，我还能清楚地指出自己曾在哪个地方迫切地寻求过神的同在或是在哪个地方欣喜地发现了神的同在。就这样，我在伦敦住上一段日子，然后又回到乡间住上一段日子，这样的生活一直持续到第二年的秋天。在这段时间，我遇到了两个心思意念上的试炼。第一个也是最主要的一个试炼，就是我妻子的病。由于她的病情日益恶化，我每天都活在似乎要与她彻底分离的恐惧当中。当我的信心得胜时，我很愿意顺服神的旨意，但大多数时候，我的心都在抗争，觉得这样的结果太难接受，令我既无法

第十四封信：忠心侍奉

信靠也无法顺服神的旨意。另一个试炼就是我多少开始担心自己未来的工作，那一年非洲的奴隶贸易已显出过度增长的趋势，我的那些朋友却不愿意选择新的船，而是仍旧等候着我回来带领他们远航。有时我真的很忧虑，因为我虽然有衣有食却不能因此而满足。但是在工作的问题上，与以前相比我倒更容易把它交托给神，后来证明，这个交托被神应允了。8月，我收到一个通知，任命我前往某办公室任职。通常要谋到这样的位置，申请人必须先得前去谋职，或至少是前去打探这个职位，还得特别上心，并且经过许多申请程序才行。而我却出乎意料地得到了这份工作。我在利物浦的一位好友曾试图帮助我谋到另一个位置，后来发现那个职位上已经有人了。过后不久我发现，那个没能申请成功的职位其实根本不适合我，而目前这个职位反而更适合，能够使我拥有许多空闲时间和自由过我自己想过的生活。这些发生在我身上未曾被人注意的事，刚好显明了神在我工作上的带领，和他对我生命中其他方面的带领一样非同寻常。

当我胜过了工作上的试炼时，另一个试炼却使我倍受煎熬。在妻子病得最重，连医生也束手无策时，我却不得不离开她。然而在人不能，在神凡事都能。我内心中经历了一次激烈的争战，最终我的信心得胜了，我知道神的应许必然成就，他必按着我所需的给我加添力量。就在我离开的前一天，而且就是从那一天开始，我心中所有的重担彻底放下了，我重新获得了力量将她和我自己完全交在神的手中，心情愉快地离开了。

我离开后不久，她的健康状况开始好转，身体得以迅速恢复。大约两个月之后，我在梅德斯通，就是在她转道前往利物浦的途中，高兴地见到了她。

我想，您要是不嫌我写得过于详细的话，您想了解的事我都写下来了。自1755年10月起，我们就开始在此愉快地住了下来，和几年前动荡不安的生活相比，如今我的生活已变得相当平稳单一，所受的试炼也不像以前那样又重又多——当然我每天仍需要经历信心的生活。现在我所面临的最大试炼是罪与死亡，这个试炼时常让我发出像使徒保罗那样的叹息："我真是苦啊！"好在如今面对罪与死亡时，我也能像他一样说"感谢神！靠着我们的主耶稣基督就能胜过了"。我所住的那个地方是一片信仰的贫瘠之地，除了为数不多的几个信徒之外，极少有人听到过福音或见证过福音的大能。对我来说，这片贫瘠之地刚好可以作为我的学习场所，在这里我可以从容不迫地思想在伦敦时所学到的真理。我在这样的思考中发现，我所得到的不过是一些理论意义上的真理，而真正能教导我，使这些真理转化为生活实际的人，只有神自己。若不是神让我明白这些真理，我就得不着什么。换句话说，除非我在自己的实际生活中真实地经历到这些真理，它们对我来说就毫无意义。许多我自以为已经掌握的真理，其实根本无法帮助我抵挡哪怕是一个小时的诱惑，我只有在实践中亲身经历到这些真理的真确性之后，它们才被我真正掌握了。

第十四封信：忠心侍奉

从1757年起，我在福音极其兴盛的约克郡西区认识了许多朋友，汲取了不少知识。我与各个团体都保持着广泛的接触，并没有选择固定参加哪一个团体的活动。虽然我想尽力避免极端，有时却难免与个别的极端派别走得太近。然而，神让我在自己的错误中受益，并不时教导我这个初入道者学习当学的功课。虽然我学习的功课多，所得的却很少，但我仍然愿意将自己交托给神，让他在我灵里不断地工作，我相信他必按着自己的恩典以及对我的看顾，使我更多地认识他和我自己。

由于工作稳定，又有许多空闲时间，我就开始考虑应该采取什么样的方式更好地利用我的时间。使徒保罗曾立下这样的心志："在你们中间不知道别的，只知道耶稣基督并他钉十字架。"（林前2：2）我很赞同他这个决定，自己也下决心要更多地追求属灵知识的长进，除此以外不再追求别的。这个决定使我彻底断绝了在经典著作以及数学上的兴趣（前面我也提到过）。我所尝试的第一件事就是开始学习希腊文，因为希腊文可以帮助我更好地理解新约圣经的内容以及旧约圣经希腊文译本。当我在希腊文的学习上取得了一定进步后，第二年我又开始着手希伯来文的学习。两年之后，为了能够读懂一些亚兰文写成的圣经，我又开始学习亚兰文。您千万不要以为我在这三种语言上已经达到了什么样的造诣，我并没有花很大的力气学习它们，只想学一点这些语言用作阅读圣经时的参考。我从未读过任何一本希腊文作家的经典著作，我总觉得在这个年纪让我像学习拉丁文一样从头开始学习希腊文未免有点太晚了。我只是想更多地了解圣经中某些段落和词语在希腊语中所表达的含义是什么。我也可以相当流畅地读懂希伯来文写成的历史书和诗篇，至于先知书和那些很难读懂的书卷，我就不得不时常依靠字典的帮助才能明白，然而鉴于我对圣经的了解，再加上手头现有的辅助工具，我基本上能判断出那些比较难懂的段落所要表达的意思。如果我找到的是另一份更好的工作，就不会有这样的收获。我更愿意成为对别人有益的人，而不愿意终其一生只成为一名杰出的语言学家。

在学习语言的同时，我一直没有停止阅读那些最好的神学家的著作。我手头大部分的著作都是用拉丁文和英文写的，也有一部分是用法文写的（在海上航行的时候我也曾经学过一些法文）。在这两到三年的时间里，我养成了写作的习惯，而除了读经以外，我已经不太读其他的书了。

在写作方面，我的情况可能算是比较特殊的，因为从10岁起我就没再接受过什么正规教育。因此，在我所有的努力中，我一直是从自己所读的书中领受启示，希望能闯出一条具有我自己风格的写作之路来。

关于我对服侍神的看法，前面我已经告诉过您，我母亲一直期望我能成为一名神职人员。然而由于她的去世，再加上后来我整个的生活经历，这个愿望似乎永远也不可能实现了。我第一次想到服事神，是几年前读《加拉太书》1章22~23节时所领受的

第十四封信：忠心侍奉

感动。当时，我特别希望能有一个机会站在公众的面前见证神丰盛的恩典。我认为自己比任何人都更适合作出这样信心的宣告："耶稣基督降世，为要拯救罪人，而在罪人中我是个罪魁。"鉴于我的生活中充满了意想不到的转变，似乎神正是拣选了我这样一个人来彰显他自己的作为。这让我多少存着一些希望，也许神迟早要呼召我加入神职人员的行列。

因为这个希望对我来说太过渺茫，所以我决定把它搁置一旁，先去学习圣经原文。后来，一些基督徒朋友第一次严肃地向我提出这个建议时，我开始认真地进行思考。我花了几周的时间考虑这个建议，也咨询了周围的一些朋友，并恳求主在这件事上亲自引领我。朋友们的意见以及环境中发生的许多事都使我倾向于采纳这个建议。我首先想到的是加入新教教会，因为我觉得自己可能无法真诚地接受国教要求的那些仪式仪文。然而，当我和C先生一起讨论了这些问题之后，他的话打消了我的顾虑，我听从了他的建议，同意选择加入国教。几个月之后，我向约克郡的前主教递交了我的神职申请。我想结果您已经猜到了，我的申请被拒绝了，我随后的努力也都没有获得成功。如今，我已经放弃了这方面的尝试，但希望服事神的愿望并没有因此减弱，只是不再像以前那样急于获得一个神职职位。神知道如何安排我的生活，他能够也愿意为我做出最好的安排，知道这一点对我来说就足够了。我将自己全然交托给神，相信他的旨意与我的真实利益之间具有密不可分的关系。愿他的名得着永远的荣耀。我讲述的故事也到此为止，相信您一定认为我已经写得足够详细，所以除了重复已写过的内容，我真的再也没什么可写的了。

您忠实的仆人
1763年2月2日

第二部分
Section 2

第二部分
爱妻的最后时光

这里讲述的是我已故的爱妻最后一次得病的细节，
包括她的病因、病情发展以及最终的结果。

相信我的读者中不乏一些温柔、富有同情心的人，只是我私下里并不认识他们。也许他们会因着对我的关注愿意读一下我最近一次的大试炼。在简要地讲述这次试炼后，这本书有关我的经历的讲述就要告一段落了。

我的爱妻天生体格强壮，心地十分善良。1754年，我突发中风（我并不知道是哪一种），这次中风持续了有一个小时的时间，除了呼吸，我已没有任何其他的生命体征。妻子因我这次中风遭受极大的打击，致使她整个的生活习惯都发生了突然的改变。从那时起，她就一直被各样的慢性病困扰着，经常一病就是五六个月不能起床，几乎完全丧失了痊愈的希望。在她与我结婚的这40年里，大约有10年（如果把她所有患病的日子都加起来的话）的时间她都是处于病痛的折磨当中，当然她享受到的健康岁月也很多。我提到的那次中风（也是我唯一的一次），是神回应我祷告的方式，他正是以这样的方式使我脱离了令人生厌的海上生涯，而在那之前，我一直是在海上漂泊，并以此为生。

在我们离开利物浦之前，妻子忽然感觉左胸极其疼痛，这让她有一段时间深感痛苦与焦虑，好在不久之后疼痛自行消失了，只是在疼痛的地方留下一个小肿块，此后许多年，我再也没听见她提起过此事。事后我想，虽然我没有再听到肿块的事，但妻子肯定是有痛感的，只不过她考虑到我的感受，才决定将这件事长期向我隐瞒。我常常想她是怎么做到这一点的，我怎么会这么长时间都没发现呢。

1788年10月，她背着我找到我的一个朋友，这个朋友是位著名的外科医生。她的想法是，如果医生告知她需要手术，她就直接与他商量具体的手术时间和地点，乘我不在的时候把手术做了，让我事前察觉不到这件事。但是那个医生朋友告诉她说，那个病变的地方发展得非常快，肿瘤已长得很大，他不能确保手术能将它彻底摘除，而且手术的危险极大，他实在不敢承担做这个手术的风险。他所能说的无非就是鼓励她，让她尽可能地放松、保持心情平静，然后告诉她，在她疼得受不了的时候，可以使用鸦片酊，但她对这个建议一点都不认可，甚至有些反感。

第二天当她把自己与外科医生的对话复述给我听的时候，我实在难以描述她所流露出来的那份镇定和听天由命的态度。我听她说的时候，头脑也一直十分平静。我的内心告诉我，什么时候我表现出脆弱，什么时候就会遭受到极大的伤害，况且在神的旨意面前，我所能做的只能是默默无声地表示顺服。然而，这种顺服也是神赐的，否则，在听到这样的消息时，我可能会像一头被困的野牛一样狂乱愤怒。

不久之后，神让我们所领养的宝贝女儿患上了一场可怕的热病，这个病一开始就严重地损伤了她的神经，后来她的整个身体开始溃烂，几近死亡的边缘，有一两次我们以为她已经死了。然而这位在审判中仍然满有怜悯的神，使她重新恢复了过来，并且一直保守她成为我晚年在地上所能享受到的最大的福乐。不久之后，当我沉浸在巨大的丧妻之痛时，神让她给我带来了极大的安慰。

整整一个冬天，妻子都陷入对自己病痛的关注和焦虑之中，总也无法像医生朋友建议的那样努力让自己的心情保持平静。她要么极度疲乏，要么极度惊恐，此外就是挂念我们两个都十分喜爱的孩子。不久，妻子的病情就越发严重。1789年春天，她的病情发展得十分迅速，伴随着几乎持续不断而且极其剧烈的疼痛，使她甚至无法在床上以一个姿势躺上一个小时。哦！我那个时候内心所承受的痛苦实在难以言说！

到了4月，听祷告的神使我们采用的一些方法奏效，满有怜悯地缓解了她的痛苦。虽然她并没有完全解脱，但至少不再遭受病变之处带给她的剧痛。从那时起一直到她去世（那是20个月以后的事了），她中间只遭受了两三次剧痛的折磨，总共的时间加起来可能也不到两小时。我想这无非是向我显明，神所临到我的良善是何等浩大，若不是神的怜悯，妻子的病痛以及我内心的痛苦将更为巨大！

夏天快结束的时候，她已能够前往南安普敦，回来时身体情况相当好。她回来后的第一周去了两次教会，此后除了坐马车外出兜风、呼吸一下新鲜空气或做些运动以外，再也没有远行过。她的情绪很好，人也显得很轻松，睡眠也差不多和大多数健康人一样好，并能接待来访的好友并和她们一起说说话了。

然而好景不长，她不久之后就开始厌食，这种情况一直持续并且变得越来越严重，好像一个死期临近的人。我甚至想她最终可能会死于营养不良，而不是前面说的功能性紊乱。刚开始，她只是不喜欢吃牛肉，而且是既不能看，也不能闻。接下来她开始拒绝吃鸡鸭和鱼。有一阵子，她除了一些小的雀鸟以外什么都不肯吃，但这些鸟一过季便很难再捕捉得到。于是，我就和一些好朋友结伴，不遗余力地为她捕鸟。那时，我觉得一打云雀远比史密斯菲尔德最棒的公牛更有价值，然而当我真的把这些鸟成打地捕回来时，她的胃口却衰弱到连这些东西也吃不下去了。

有了这样的经历之后，我对那些因贫困而遭受同样痛苦的人有了前所未有的同情之心。虽然我们经受的痛苦很大，但我们一无所缺，总能想出办法调剂她的营养或让她感觉好受些。我们家那些忠实热诚的仆人，总是尽全力帮助我们，有时甚至像使徒保罗所说的，在日夜照看和帮助她的事上已经超额付出了他们的力量。而有些人遭遇到忧伤、病痛、衰弱、无人同情、无人注意、无人帮助，在许多时候甚至连最基本的生活所需都无法满足，他们的感受又是怎么样的呢？每当我想到这些人的时候，内心就会平静下来，我知道自己有充足的理由去感恩，而不是抱怨。

在她卧床的第12个月，她的精神开始有所好转，人变得极有耐性，脸上有了欢愉之情，说话也变得生动有趣。当我们还在热泪盈眶的时候，她的一席话总能使我们重新破涕为笑。她每天花在读经上的时间非常多，也读得非常专注，除非读完当天规定的量，否则就什么也不做。我手头用的就是她那本圣经（我一直把它与梵蒂冈的手抄本带在身边）。这本圣经从头到尾几乎每节重要的经文，她都用铅笔在边页上亲手做了标注。在她还能阅读的时候，神的恩言就是她的良药和食物。瓦特博士所写的诗篇和赞美诗以及欧内所写的赞美诗，也都给她带来安慰和满足。在那些她读了不知多少遍的地方，每一节诗文她都做了标注。

然而到了10月，有一段时间神允许仇敌攻击她虚弱的身体，并扰乱她平静安稳的心灵。那时，她全部思绪都被愁云笼罩着，倍感困惑。渐渐地，她不仅失去了自己在宝贵的圣经真理中所经历到的丰富，甚至完全失去了对真理的信靠。她开始怀疑圣经真理，甚至置疑这些真理的真确性。此外，尽管死亡每一天甚至每一个小时都有可能临到她，她却表示说自己极不情愿死，也不能从容地接受即将死亡的现实。此时，我所受的试炼已经到了无以复加的地步，极难承受。

读者们可能根本无法相信，在那些愁云密布的日子里，我也得着一些安慰，那就是，她对我的依赖已不像以前那么强了。不久前，她用一种近乎冷淡的语气告诉我说，她觉得自己真没用。那时，她已感觉不到神的同在，也不再能从神的话语中得着安慰，只有当我陪伴在她身边，和她说话的时候，她才感觉得着些许安慰，这让我感到很忧伤。不过，40年来我们所经历的许多事情都表明她对我的感情极其真挚，即使在经历着这样的痛苦之时，她对我的感情也一点没变，这让我感到一点安慰。

我认为造成她灵里挣扎的不外乎两个原因，一个是她的身体过于虚弱，另一个则是来自仇敌的试探。在经过两个星期的挣扎与沮丧之后，她在这两方面均得到了释放。神重新将平安放在她心中，她对我的满腔柔情也重新被唤醒。那时她已经可以很平静地谈到即将来临的死亡，她的葬礼以及我们共同关注的家庭事务。在谈到这些事的时候，她表现得出奇的镇静。只是直到临终前，她的心思意念都没能如我愿，再恢复到以前那样满有盼望的状态。在接下来的日子里，她的身体极其虚弱，甚至完全说不出话来。

她的生活起居困难，是我们面临的另一个试炼。她本来还能从沙发上起来，自己走到床边，向我显示她能走得多好，但神却允许她身体上的一些改变影响到她的颈椎，最终导致她丧失了行

爱妻的最后时光

走能力。别人搬动她也显得极为艰难，足足要用五个人花上两个小时的时间，才能将她从床的这一头搬到另一头，有时甚至连这样的搬动也做不到。这样，一个多星期里她只能在同一个地方，以同一个姿势躺卧。尽管如此，神的杖和神的竿都安慰我，我仿佛听到神清楚地从天上对我说："这就是你所仰望的偶像，曾几何时你把她看得比我还重！看看她现在的样子！"然而就是这样的苦杯，因着神所赐给她的忍耐与顺服，让我喝起来也倍感甘甜。于是我对她说，你真是受苦了，对此，她总是回答说："我的确受苦了，但这苦却没有超过我所能受的。"尽管她的身体无法移动，她所表达出来的也总是感谢，为着她还能灵活地使用自己的双手。

她在这个世界上所挂心的最后一件事，就是我尊贵的朋友、也是我的庇护人、恩人，克拉朋①的约翰·多顿先生的辞世。她对他敬仰有加，甚于地上她所敬重的任何人，她这样做是有原因的。很少有人能如此近距离地接近多顿先生、认识他的品格，也许再也没有什么人比我们更了解他。她听说了他生病的事后，一直没敢打听他的情况，我也没敢冒然向她提起这些事。为了参加多顿先生的葬礼，我需要离开她四五个小时，但我很担心，害怕自己回来后她已经不在了。回来后，我一五一十地把离开的原因

---

① 克拉朋联盟，由威伯福斯为首的一批主张废除奴隶贸易的人士组成，在英国议会提出禁止贩卖奴隶法案，经过18年努力，终获议会通过。又经过8年，他们在维也纳和平会议上，促使与会的奥地利、普鲁士、俄国、瑞典、西班牙、葡萄牙与法国等代表也签署了《废除奴隶贩卖条约》。

讲给她听，她恳切地说："你应该去，遇到这样的情况你不必考虑陪我的事。"我把葬礼上用的丧铃放到她手中。她先把它放到嘴唇上亲吻，然后又把它放到自己的眼睛上，用眼泪打湿了它。我相信不久之后他们就会再次相见，实际上她只比他多活了一个月。

到这个时候，她的头脑已经受到很大影响，我只能静静地坐在那里看着她，无法继续我们的交谈。她不能忍受任何一点细微的声音，哪怕是最轻微的脚步声。12月12日（星期天），我早晨起来正准备去教会，她派人来叫我，向我和这个世界道别。她含糊不清地说出一个她所熟悉并亲爱的人的名字，然后把手伸给我。我握住她的手，在床边为她祷告，我们都流泪了，我也像她一样几乎说不出话来。过了一会儿，我平静下来，对她说："如果你能平静地离去，我会倍感安慰。如果你现在感觉平静，能动动手示意我吗？"她举起了手，来回摆动了好几次。

当天晚上，她完全陷入无意识状态中。她看起来很平静，面部祥和，没有任何痛苦或不安的表情。这种状况一直持续到周三。从晚上7点钟开始，她的呼吸开始变得沉重起来，喉咙里发出一种似乎是受到压迫的呼噜声，房子的每个角落都能听见这个声音。她却非常安静地躺在那里，面容平静，好像正沉浸在安详的睡眠中，脸上没有一丝因恐惧而有的挣扎或波动的痕迹。我手上拿着一根蜡烛，坐在她床边，就那样守着她足足有3个小时的时间。终于，我看见她咽下了最后一口气，那一刻是1790年12月15日晚上10点。

当我确信她确实已经走了,就按照她一再的叮嘱,从她手上把那枚戒指褪了下来,带到自己手上。然后我跪下来,为了主能让她得以解脱,平安离世而诚恳地向他致谢。

死后那一刻一定是很美妙的!她经历了一个怎样的转换啊!她顷刻间就从罪以及罪所带来的痛苦中得到解脱,我相信在那一刻她立即就加入到天上的赞美之中。那一刻对我来说实在非比寻常。它让我对以后的日子重新充满了盼望,同时也除去了我心中所积压的痛苦与忧虑。若非靠着属天的能力,我实在是无法承受那样的重压。

在她去世前两三个月的一天,我在房子里不安地走来走去,带着一颗被痛苦撕裂的心,杂乱无章地在神面前祷告。突然一个念头带着不同寻常的力量进入我的意念之中,意思是:神的应许是真实的,如果我愿意得到帮助,神就一定会帮助我!它让我想到,我们并没有竭力抵挡那些毫无益处的忧伤情绪,如果沉浸其中,我们就会被引离正路,失去属天的平安和能力。

当这次的试炼刚开始时,我就时常提醒自己:作为一个服事神的人,有许多双眼睛正盯着我,我所讲的道总要给那些遭受患难的人带来安慰。我告诉人们,对于那些真心相信的人来说,福音无异于一剂灵丹妙药,它能驱散所有的邪恶,满足人们的盼望,弥补人们的损失。即使信徒遭遇患难,只要他愿意放下自己的意志,仍能持守住信心,就必不致遭受痛苦。我经常告诉会众,作为一名基督徒,如果我们能端正自己在试炼中的态度,就能成为彰显神属天恩典与大能的最美好的见证，这是我们所能献给这位赐恩者最大的颂赞与荣耀。所以我经常在每天的祷告中祈求神，不要让急躁和沮丧拦阻神在困境中带给我的祝福；不要让我只会把真理之道讲给别人听，自己却实践不出来；不要让《约伯记》4章4~5节以利法对约伯说的话成为我生活的写照："你的言语曾扶助那将要跌倒的人，你又使软弱的膝稳固。但现在祸患临到你，你就昏迷；挨近你，你便惊惶。"我的祷告发生了果效，从我真心渴求神帮助的那一刻起，我的心开始信靠他，而我也确实得到了神的帮助。实在是感谢他！在经历试炼的整个过程中，我从未中断去教会参加敬拜，也从未放弃参加其他服侍性的工作。不认识我的人也从未在我的话语或表情中察觉出我的痛苦。许多与我关系密切的朋友都以为，在经历了如此漫长的试炼，尤其是在承受了这个试炼最终带给我的沉重打击后，我一定会倒下，然而情况远没有他们想象得那样糟。这个试炼并没有使我停止哪怕一次讲道，事实上在她离世的那一天我仍站在讲台上。

她去世后，别人可能已经察觉到我渴慕神的良善和帮助。因着他们的鼓励，我没有刻意遵守什么约定俗成的清规戒律（有时人们把清规戒律看得比神的诫命还要重），容让自己一个人枯坐家中，让自己的思绪沉浸在丧偶之痛里，而是在她去世后的第二天就外出访友了。在她死后等候入殓的那3天内，我仍然坚持讲道3次。主内的一些弟兄善意地向我提出代讲的建议，但神乐意赐给我身体和灵里的刚强，让我觉得有义务仍像往常一样坚守在自己的岗位上。她下葬时的葬礼布道是由我讲的,讲的时候情绪很平稳,好像变成了另外一个人,满心希望听众在听到我的见证时,能够看见神的美善,从而使他们在遭遇痛苦时能从中得到安慰与激励。我知道,有时候我们必须要接受烈焰般的熬炼,从中体验并彰显神应许的大能和信实,这是更有价值的一件事。

在这次试炼中,神并没有用生动感性的方式使我得着安慰,而是借着自己的话语,将其中所蕴涵的真理清楚地启示给我。在此之前,这些真理只是停留在我头脑中的知识,而通过试炼,我在这些经历中极其真实而清晰地体会到这些真理的真实含义,那就是,作为一个罪人,我没有权利抱怨;作为一名信徒,我没有理由抱怨。我的妻子只不过是神赏赐给我的额外财富,神有权在自己乐意的时候随时把她从我身边收回去。神本可以在我刚认识她的时候就这样做,但值得感恩的是,神并没这样做,而是让她陪伴我这样长的时间之后才把她召去。况且,神所做的一切都是出于他自己无限的智慧和美善,如果我硬要去改变他所定的计划,其结果只能是对神的计划造成破坏。像我这样一个目光短浅的受造之物,出于我自己意愿的选择常常是盲目的,并不能让我得着最好的。在这件事上,神屈尊为我做出这样的选择,实在是对我极大的怜悯和恩惠。希望这样的思考能使读者在身处患难时从中得着极大的帮助,果真如此,我也就不枉将这私密的事公之于众了。若非想到我所写的这些内容能够使读者受益,我是无论如何也不会把这些私事公之于众的。

妻子去世后，我的世界似乎也随着她一同去了。除了教会中的服侍和牧养工作以外，我不知道应该如何继续自己的生活，每一天都过得了无生气。如果这个世界不能将她送还给我（我并不是期望她能再活过来），那么这个世界对我来说就算不得什么，我宁愿自己的时候也早些到来。面对这样一个对我来说大到无法弥补的损失，我的神，这位全然丰富的神临到了我，并做了补偿。愿那些认识他、信靠他的人都能大有信心。因为他们的日子如何，神所赐给他们的力量也如何；他们所遭遇的试炼有多大，神所加添给他们的力量也有多大。神的应许是，他要帮助我们。神以他的大能和信实承托着日夜的更替、四季的转换，使星宿都运行在正常的轨道上；神以同样的大能和信实也承诺要帮助并引领自己的百姓，使他们经过水火也能平安稳妥、不致遭害（若他们能按照神的旨意行）。虽然我醒着的时候总会想起她来——她走后，我就睡在那张她曾经躺卧并挣扎了那么久的床上，却从未有一天为此不安或有一个晚上难以入眠；虽然我失去了自己的挚爱，但神却使我在没有她的日子里仍能高高兴兴地继续生活下去。

愿神的祝福也同样临到你们！愿荣耀、尊贵、颂赞都归给至高神，从今时直到永远！阿们！

第二部分
纪念诗

第一首 纪念神在世事变换中恒久不变的美善

写于1775年2月12日（25周年结婚纪念日）

回首往事，

当颂赞神，

是他把你恩赐给我，

将多少的祝福带到我身边。

当我身处非洲荒原，

在仇恨中被人憎恶与遗弃，

是神的手借着你的存在，

将我平安带回。

约翰·牛顿自传

虽然那时未来的道路，
我尚未知晓，
但神定准了我的每一个脚步，
使你成为我的妻。

与你携手的那日令我欢喜，
（在神的恩典中拉开了甜蜜的序幕）
那日如同刻在铜版上的印迹，
深深铭记在我的脑海里。

然而罪使我的心开始背离，
（不堪的往事令人痛心），
将你放在偶像的地位百般痴迷，
顷刻就将赐恩者全然忘记！

于是我们不得不再次分离，
这突然的改变彰显出神的公义。
充满了痛苦与哀伤，
让我的心在罪疚中叹息。

尽管我们，特别是我自己，

纪念诗

在神的美善中忧闷成疾,
但神的怜悯并未远离,
他保护我们的手仍一如往昔。
我们在爱、平安、健康与友谊中心存感激,
在世物上也总是富富有余。

从一地到另一地,
一年已过一年又来临,
神是我们生活中一直的指引,
是我们恐惧、软弱时确实的支持。

二十五年斗转星移,
日月如梭。
我们步履匆匆,
迎向死亡最后的一击。

我们幸福相伴无人能比,
但又如何,
奢求一切都从头来起?

就像棋盘上的线条弯弯曲曲,
其中交织着爱与安慰,

约翰·牛顿自传

有关心也有冲突，
大半生我们就是如此相依。

尽管我们享受过如此多的欢喜，
彼此又如此相亲，
但其中也有恼恨，
使我们的快乐止息。

然而哪里有冲突，哪里就有怜悯，
每一个痛苦都是蒙福的前提。
这一切都向我们发出提醒，
这里不是我们的蒙福之地。

她中有我，我中有她，
这并未让我变得有力，
我的救主，我们都属于你，
这样的看见让我发出最高的赞美。

统管万有的救主，只有你，
手中满有智慧的安排，
我们终有一人，
会先行离去！

纪念诗

到那时,我们的窃窃私语,
(真是好得无比!)
将如同飞逝的梦,
不留踪迹。

为了那一刻的来临,
预备我们的心;
让我们所过的每一天都被你造就,
在那日来到以前,
让你的大能成为我们的扶持。

先走的人将因着你的仁慈,
愉快地离去,
仍旧存活的人,
只是在地上顺服地停留片刻而已。

我们当中谁会先离去,
不要对此过分在意,
不久之后我们会再度相遇,
从此以后便不再分离。

约翰·牛顿自传

　　那时，我们的灵将会惊奇、欢喜并充满感激，

　　　　仇敌的网罗与神的怜悯，

　　　　　我们已全然经历。

纪念诗

第二首 为妻子的葬礼所作的诗

虽然无花果树不发旺,葡萄树不结果,橄榄树也不效力,田地不出粮食,圈中绝了羊,棚内也没有牛;然而,我要因耶和华欢欣,因救我的神喜乐。

《哈巴谷书》3章17~18节

地中丰富的田产

使我们得福,

这是耶和华慷慨的赐予,

让我们同声赞美他。

棚中的牛、圈中的羊、田中的谷物及各样的果木,

都是耶和华丰富的供应,

当我们遍尝美物时,

眼所见的使我们欢欣。

神也将美好的关系赏赐我们,

让我们享受家的甜蜜,

享受与父母、配偶和睦同住的日子。

然而罪破坏了这一切,

我们的祝福不再,

愁苦日添,

手中所做的也尽都是悲哀,

然而至为悲哀的,

是我们痛失了最爱。

从此,葡萄园不再结果,

田地也不再出土产,

圈中绝了羊,

棚中也没有牛,

我们的心也不得饱足。

虫子毁坏了田产,

我们的希望也尽都断绝。

地上的快乐竟如此稀少,

极少有人体味或知晓。

即使知晓,

其快乐也不过是脆弱短暂。

只有那些喜听主言并信靠他名的人,

喜乐未见短少,

只因他从未改变。

主快要再来,

我们的眼虽未曾看见,

心已开始盼望,

到那时一切的眼泪都将被擦去,

一切的哭泣都将被止息。

纪念诗

第三首 爱妻去世一周年纪念
写于1791年12月15日

收取的是耶和华，耶和华的名是应当称颂的。

愿颂赞归于我们的主耶稣基督的父神，就是发慈悲的父，赐各样安慰的神。在一切患难中，他都安慰我们，让我们能用神所赐的安慰去安慰那遭各样患难的人。

主啊！她是你的产业，
你所行的一切尽都公义。
感谢你将她赏赐给我，
让她伴我过走过如此漫长的岁月。

没有一天我不为自己对她的恋慕哀伤，
为背弃你的信任恐惧战惊，
我不会惊奇，也不会抱怨，
我当受此责罚。

然而你的怜悯使痛苦化为甜蜜，
使我在管教中蒙受了丰盛的祝福。

约翰·牛顿自传

虽然我的伤痛极大，伤口极深，
但你是我每日的帮助，
加给我够用的力量。

像约拿一样，
我看见蓖麻就大大欢喜，
却未看见它根部的咬伤。

终于那最后的时刻来临，
（一个我无法忘怀的时刻）
一切属地的快乐都离我而去，
留下我孤苦无依。

她流着眼泪抓着我的手，
虚弱得说不出话来，
但从她的脸上，
我读懂了她未出口的话语，

别了，我的爱人，
不久以后一切的痛苦都将止息，
那些因着分离而静静流下的泪，
将会被我们的再相见所代替。

纪念诗

我说:"如果这样的离去,
　让你感到安息,
　虽言语无法表达,
　至少给我一个示意。"

她举起手缓缓地摇动了几次,
　让我的心里满了欢喜,
　就是世上一切的丰富,
　也不足与之相比。

我深信在试探临到之前,
　她就已经知晓你的恩惠。
　然而有一刻,
仇敌仍让她心里充满了失意。

在两年漫长的年月里,
　她没有一刻得着安息。
　但仍以安静的心,
承受了来自十字架的压力。

每天从神的话语里,
　汲取所需的盼望与慰藉,

神的话成为她的良药和美食。

看见她所承受的,
不认识她的人也会猜疑,
燃烧的荆棘为何没有烧成灰烬,
因为神在那里。

三天来她已全无生息,
哦,主啊,我心悲哀,
我向你哀求哭泣。

我日夜守护她,
愿意将自己的意志向你降服。
你的杖也安慰我,
让我"观看自己的偶像!"

"这就是你所爱的,
它带给你的是极度的悲伤与哀痛,
迟早你的心要流出血来,
这就是偶像带来的享受。"

是的,向神我们常怀愧疚,

纪念诗

痛苦本是我们当得的份，
　然而你赦免我们的罪，
我愿意重享你里面一切的安息。

在烈火中你必将我们举起，
　使我们昏昧的灵欢喜，
　在最严酷的试炼里，
　　你仍满有怜悯。

虽然她的气息越来越无力，
　直到呼出最后一息。
　在我们知晓前，
　她的灵魂已逝去，
死亡的打击也已成为过去。

那一刻如此轻柔与静谧，
　一切的痛苦均告止息。
　不再有痛苦与挣扎，
　　面容也归于平静。

我独自承受着离别的伤痛，
"心中仅存的希望也破灭了，"

约翰·牛顿自传

<blockquote>

她得着了解脱,

加入到天上得胜的赞美中。

对我来说,那是一个雷雨交加的日子,

我为她的解脱而欢欣。

那掌管雷雨的神,

让一切平息下来。

按着私心,我情愿她活下来,

继续在痛苦中度日,

每日与我作伴。

我们常凭借己意,

留住在痛苦中挣扎的爱人。

但那位更爱她的主,

却来将她召回到自己身边。

那最后一刻令我深感痛苦,

但我深信,

我的救主必要使我成圣,

也要使我得着医治。

</blockquote>

纪念诗

对钉在十架上被杀的主来说，
这是一个空虚无益的世界，
什么样的安慰能让我的痛苦减轻呢？
长久以来，
我依傍在十字架旁，
学习向主死，
这样的学习使痛苦变成祝福。

主啊，你是我的力量，
是我单单依靠的，
是万物衰残死亡之时，
我永远的陪伴。

我心中有一空处，
唯有你才能填满，
你赦免我的罪，
将你的恩典成就在我身上。

你喂养你的群羊，
让我在其中得享快乐，
你眷顾群羊的需要，
将你的安慰恩赐于我。

约翰·牛顿自传

我要信靠你、爱慕你、赞美你，
也要称颂你、敬拜你，
因着你对我一切的引导，
我心别无他求。

无论何时何地，遭遇何境，
在你里面我都满有安息，
你的智慧尽美尽佳，
使我一无挂虑。

在信心中我忍耐等候，
不久之后我也要蒙召回家，
那一刻我要改变形状，
进入那永远的家乡。

到那时，
罪与不信的帕子都要除去，
曾经在痛苦中分离的，
将在喜乐中重逢。

到那时主要与众圣徒一同显现，

纪念诗

  他要擦干所有的眼泪，
  地上再也没有哭泣与哀号。

愿这样的看见使我的劳苦减轻，
   使我的灵欢呼！
愿所有存着这荣耀盼望的人，
都能在地上忍受片刻的痛苦。

第四首 爱妻去世两周年纪念

写于1792年12月15日

睹物思人,
我的心又开始流血,
记忆的闸门也被打开。

她最了解我内心的柔弱,
深谙使我得着安抚的秘诀。
她的死如何能让我释怀?
看着她心跳停止
看着她呼出最后一口气,
令我肝肠寸断。

悲痛令我心神不宁,
似乎再也没有什么,
能让我得到片刻释然。

记忆就像一面筛子,
留下的只有无尽的痛苦。

纪念诗

虽然神以恩典为我的冠冕,
其数比海沙还多,
每个恩典都值得我最热烈的赞美,
然而在痛苦中,
我竟把它们全都忘记。

我不再记念,
非洲沿岸那些最痛苦和罪恶的日子,
也不再记念,
那段无助迷茫的时光。

那时的我在主的眼里,
是一个胆大妄为的敌基督者,
在人的眼里,
是一个卑微可怜的奴隶。

在我最无助的时候,
神以大能拯救了我,
并以怜悯保守我没有落入死亡。
他以大能的膀臂救赎了我,
以恩典赦免了我一切的罪孽。

他教导我的舌头，
不再说谤渎的话，
而发出祷告赞美之声。
他是我的盾牌，我的力量，我的诗歌，
他引导我走义路。

他救我脱离痛苦与死亡，
使我的悲哀变为欢笑。
他差遣我四处传讲福音——
那些我曾经竭力诋毁的信息。

他以怜悯恩待我，
使我的日子一天新似一天。
更将爱妻赐给我。

蒙受此恩的人怎能哀叹，
又怎能抱怨？
我要感谢神，
长久以来让她陪伴在我身边，
也要感谢神，
让她在永恒中再次成为我的陪伴。

纪念诗

　　虽然死亡暂时将我们两人分开，
（再亲密的关系也经不住死亡的打击）
　　　但是当死亡不再时，
恩典的纽带会将我们紧紧地连在一起，
　　　从此再也不分离。

第三部分
Section 3

第三部分
其他书信

论信徒的属灵生命阶段（1）
——第一阶段：先发苗。（可4∶28）

尊敬的牧师先生：

应您的要求，我来简单谈一下在信徒不同的生命阶段，神的恩典是如何在其中持续不断地工作的。我会把信徒的生命分成三个不同的阶段，以对应《马可福音》4章28节主耶稣要求我们对五谷不同生长阶段进行观察的教导。"地生五谷是出于自然：先发苗，后长穗，再后穗上结成饱满的子粒。"主耶稣经常借用比喻，从各种不同事物中找出或多或少的相似之处，阐明他所讲论的问题，帮助人们更清楚有效地认识真理的实质。在这里，我不会讲述我自己或其他人的经历，而会尽我所能将经文中有关恩典工作的本质的教导做一个清晰的阐述，使那些正在被恩典塑造、打磨的人得着实际的帮助。

按照人类的本性说，我们都将死在罪孽与过犯中，不仅不认识神，而且与神的管治及恩典为敌为仇。按着《哥林多前书》2章14节的说法，无论我们在个性上有什么样的差别，或智或愚，或严肃或粗俗，凡属血气的人都无法接受或领会属灵的事。主耶稣对此这样宣告说："若不是差我来的父吸引人，就没有能到我这里来。"（约6：44）这里所说的父就是我们经常提到的在三位一体中配得我们尊崇与敬拜的那一位。按我的理解，主耶稣提到的父，与他在《约翰福音》14章9节中所指的人性的那一面不同，是指上帝或神性的本体。这句话实际上要表达的意思是："只有接受父的指教和神的灵塑造的人才能到我这里来。"这里的灵，按照救赎理论，指的应该是圣灵，见《约翰福音》16章8~11节。而圣灵就是圣父的灵，是主耶稣基督的父的灵，是圣父、圣子、圣灵三位一体的神这个整体的一部分（约5：21，6：44、63；林后3：18；帖后3：5）。

说到初信阶段神恩典的工作，我认为是神按着自己的计划将人带到主耶稣基督面前，领受生命与救赎。这个工作需要有圣灵的参与，当圣灵光照到人的灵魂时，他会即刻来到神的面前，即使之前他还是一个完全不认识神的人。圣灵的光照使人的悟性得开，得以领受圣灵的启示。虽然起初圣灵的光照好像黎明前的微光那样模糊不清,但光照一旦开始,就会越照越明,直到主来的那日。我们常说,神在人身上开始动工会让人认罪悔改并归向神,但我认为这个说法并不准确。认罪悔改只是神最初作在人身上的工作的一部分,或者说它只是神在人身上开始动工的一个直接结果。然而,人许多的认罪行为,其实都不是源自神的工作,而只是偶发和暂时的表现,尽管有时看起来是那样痛心疾首。要想了解什么是真正的认罪悔改,我们就必须对神有充分的认识,因为真正的认罪悔改都源自于神。若不是神让我们认识到罪的可怕,我们就不会因罪而恐惧。然而要想了解罪的本质,我们就必须要认识神的圣洁、伟大、良善和真实。若不是圣灵对人灵魂深处的光照,若不是圣灵的大能在人心里的运行,没有一个人能靠着外在的手段认识神,从而产生出真实悔改的心。外在的手段可能会激动人的良心和情绪,使人痛下认罪悔改的决心,但是如果这些意愿和努力不是建立在对神属灵的认识上,那么它们就会像神在话语中所启示的那样,迟早归于徒然,使人不是重蹈覆辙(彼后2:20),就是陷入自以为义的困境(路18:11),失去圣灵的能力。在许多情况下,由于福音信息只是停留在人天然情绪的层面上,致使许多曾做过信仰告白的人,后来放弃甚至背叛了自己的信仰,这些事并不会让人感到惊奇,只会让人感到遗憾。因为这些人所接受的福音,虽然在一段时间内似乎发了芽,长势喜人,但是由于没有生根,所发的芽很快就枯萎了。当一个人做信仰告白的时候,我们很难根据这人所说的话断定他的告白是否出于圣灵深入的工作，但"主认识谁是他的人"，凡属神的人，身上都带着救恩的标记。如今神借着圣经真理启示他自己，这真理之光将人带到经文所启示的源头，使人能很快领悟并接受神话语中启示的真理。人认识到罪的可怕，也感受到人心的邪恶，并开始借着祈祷、悔改和心意的更新变化，希望在神眼前蒙恩，虽然这些事在不久前还被认为是徒劳无益的。这人的灵魂就像《马可福音》5章26节所提到的那个妇人，虽花尽了所有，病势一点也不见好，反倒更重了，最终才得以认识救恩的大能。认识救恩的人可能很快会成为一名基督徒：他相信神的话，所见所感，都证实神的话是真实可靠的；他恨恶罪，竭力使自己不去犯罪，因为他知道罪与神良善的本性相背，是神所痛恨的；他接受神将他的独生子赐给世人的教导；他被耶稣的荣耀以及对罪人的爱影响并吸引着；他受到主耶稣的名及其应许的激励，勇敢地来到他的施恩宝座前；他虔心等候主，用各种方法与主建立灵里相交的关系，使主的恩典不断增加；他爱主的百姓，看他们为地上君尊的族类，欢喜快乐地与他们相处；他期待、等候、祈求与这些圣徒同得那好得无比的福分；他相信是耶稣的大能救了自己，但因着无知和肉体的本性，因着他过去犯下的罪孽，他常常质疑自己的意愿，怀疑神永无穷尽的恩典和神必然成就的应许，唯恐爱他的主会撇弃他。

刚信主时，他仍在遭受罪的辖制以及撒但的引诱，但从那时起，那位"用膀臂聚集羊羔抱在怀中"的主就已经开始时常眷顾他，使他不致被极度的伤痛所吞灭。借着祷告、聆听神的话和对神应许的了解，他的心已经初尝到神的能力与甜蜜，只是他还不明白，神让他有这些经历，并不是要他沉浸在这些甜蜜的感受里，而是激励他在属灵的事上有更深的追求。当他误解了神的美意，满心期望永远拥有这些美好的感受时，这些感受却很快消失了。于是，他不再祷告，不再聆听神的话，重新陷入到肉体的罪恶当中，容让撒但在他里面做加倍破坏的工作。他对此束手无策，觉得自己的希望太过虚枉，所得的安慰也不过是幻觉而已。他希望有人告诉他基督的应许是真的，但他对基督恩典的认识仍十分有限，尚未看清救恩带给罪人的是神人合一的本质与荣耀；他渴望得着神的怜悯，却害怕受到神的审判。然而，神在各样的环境中一点点地塑造他，使他的灵命得着长进；借着从耶稣那里领受的恩典，他开始在灵里向罪宣战；他认为，只要自己固守住蒙爱之人的位份，外面的试探就不能影响到他。尽管他的信心还十分弱小，属肉体的本性带给他很多伤害，令他做出许多令人懊悔的事，但他的信心和知识却被一点点建立起来，特别是他遵行神的道和单纯渴慕神话语的属灵胃口被慢慢培养起来，如今他就像婴儿渴慕奶一样渴慕神的话。他珍惜每一个机会，脸上洋溢着对所听之道的关注与渴慕；他在信仰上表现得极其火热，急切地希望将自己的信仰运用在实际生活当中。他表现出对灵魂的热爱，心中关切的也都是神的荣耀，即使有时这样的关切会给他带来麻烦，甚至会因为混杂了自己的想法而产生出一些不适当的举动（约18∶10），但这样的关切从根本上来说，仍是值得肯定和表扬的。

　　神的恩典能够影响人的知识及情感。只有情感，没有知识，产生的结果比迷信更可怕；只有知识，人的内心与情感却不受影响，这人就成了表里不一的伪君子。真正的基督徒，知识与情感都不会偏废。我们可能会注意到，人在初信时，虽然不能说没有知识，但在这个阶段却会表现出更多的情感。然而随着神工作的深入，尽管情感并没有被排斥在外，但对知识的强调却有了显著的增加。信主多年的基督徒对主、主的荣耀及其救赎之爱的认识更稳固、明确和全面，他们对主更有信心，对主的依靠更单纯，也能更专心地持守主所赐的平安与力量，相对这些基督徒，大多数刚信主的基督徒在情感上对主的爱更强烈。果树最大的价值体现在它累累的果实上，而它的美丽则是在它含苞待放时显现出来的。对刚信主的基督徒来说，接受救恩的时候正是他含苞待放的春天，因着天上良人的恩典与祝福，他在日后的年日中会逐渐结出果子来。虽然此时他的信心还十分弱小，他的心却十分火热；虽然他还不太敢称自己为基督徒，但他做的许多事，让他看见也体会到神真的与他同在，他的心全然渴慕主以及他的恩惠；虽然他对主的认识有限，但每日都在不断加增。这时的他尚未在恩典中长成，还是一个属灵的婴孩。主进入他的内心，救他脱离罪中之乐，引导他的眼目专注在耶稣基督的身上。他正在一点点脱离罪恶的捆绑，盼望得着自由的时刻。当他接受救恩时，福音真理

其他书信

已向他显明,他需要安息在主里,等候他完成救赎的大工。接下来,我们看到他的生命又有了新的长进,关于这一点,我会在下封信中提到。

          您忠实的仆人

论信徒的属灵生命阶段（2）
——第二阶段：后长穗。（可4:28）

尊敬的牧师先生：

尽管神在自己百姓身上的工作是确实的，经文中也有许多凭据证实这一点，但神工作的方式却不易被人察觉。若非借助信徒的实际经历，我恐怕很难详细说明神在他百姓身上所做的工。在上封信中，我已尝试描述了一位初信者的经历，我把那段经历称为第一阶段。在这封信中，我会继续描述这位初信者在属灵上的长进，并把这段成长的经历称为第二阶段。

进入第二阶段的信徒，因着对神完全的信靠，对他在智慧、公义、圣洁和救恩上的全备与丰富已有了更深的认识，在经历了各样环境中信心与失败的争战之后，被带入耶稣的安息。这时的他，信心已成长到能够发出"良人属我，我也属他"（歌2:18）的宣告。这个宣告包含了两层意思：第一，我们属灵的生命已有所成长；第二，只要我们还在这世上存留，我们属灵的生命就会持续成长。这个生命是源自救主耶稣的恩典与荣耀，与我们的环境及感觉无关，它可以帮助我们抵挡一切不信之人及仇敌的攻击。就像使徒保罗说的："谁能定他们的罪呢？有基督耶稣已经死了，而且从死里复活，现今在神的右边，也替我们代求。"

（罗8：34）在我看来，能否发出这样的宣告并不是信与不信的问题，而是信心大小的问题，否则就会有人以为与第一阶段的信徒相比，第二阶段的信徒才是真信徒。

信心的增强要面对更多争战。我认为第一阶段的信徒最突出的特点是渴慕神，第二阶段信徒最突出的特点是争战，这并不是说第二阶段的信徒就不渴慕神，或第一阶段的信徒就不懂得争战，而是说第一阶段和第二阶段的信徒，在不同生命阶段的经历上可能会有所不同——前者更多的是渴慕神方面的经历，而很少会遭遇他们无力承受的争战，后者更多的是试探及争战方面的操练。第一阶段的信徒就像神用大能的膀臂刚从埃及拯救出来的以色列人，在仇敌的追逐恐吓之下，经历了一次又一次的失败，最终他们亲眼看到仇敌遭报，得以在红海岸边唱起了摩西的得胜之歌并发出赞美。接下来，他的生命得以长进到第二阶段，他像以色列人一样，以为在进入应许地之前，总能如此欢喜快乐而不会再遭遇任何艰难，却不知艰难之日才刚刚开始，摆在他前面的是一段漫长的旷野之路。神正是要借着这段旷野之路使他降卑，将他打磨成自己所喜悦的人，向他显明自己赐福的心意，让他看见自己无尽的恩典所能成就的一切荣耀。

神恨恶罪，也教导自己所爱的百姓恨恶罪。对罪的恨恶使神的百姓得以脱离罪疚及罪的辖制，从此不再活在罪的污秽中，并恢复了与神合一的关系（在神没有难成的事）。神的智慧也显明，因着神对罪的恨恶以及对百姓的爱，他定意不让罪在自己百姓的身上存留，而是以超然的方式胜过了罪，彰显了自己的荣耀、恩典与智慧。同时，神也使他的百姓更加珍惜所得的救恩，这是神的命令，也是神百姓的职责。借着神所赋予的新生命，神的百姓开始警戒罪并与罪抗争；他们抵挡身体一切的恶行，渴慕成圣。第二阶段的信徒开始向着这个目标直奔，他们认识到神已经悦纳了他们，在基督里他们有永远的平安。这样的认识，若不是经常受到阻碍，就能带给他们像在天上一样持续不断的爱、喜乐、平安、感谢和赞美。虽然第二阶段的信徒尚未被圣灵完全充满，身上仍带着堕落之人的本性，心中残存着肉体的败坏，仍生活在这个充满网罗的世界，环境中充满着各种引诱他犯罪的试探，身边被看不见的灵界恶魔环绕，但他却借着这些痛苦的经历在生命上不断长进。第二阶段的信徒对基督徒属灵争战的实质有了基本的了解。他看到只有依靠耶稣才能使自己得称为义并获得力量；他愿意经受痛苦，成为耶稣基督的精兵；他相信尽管自己可能会受伤跌倒，但神总能将他重新扶持起来。他认识到自己的心"比万物都诡诈，坏到极处"（耶17：9）。最初，他对这个说法并不认同，也不能完全理解，然而他在神荣耀的旨意中看清了神恩典与爱的宝贵，随着生命的成长，逐步认清了自己罪恶的本性。这个本性曾是他拒绝承认的，正如《马可福音》14章29节中彼得做的那样。虽然他一开始并不承认自己有罪，但他品尝到神恩典的滋味后，就会为自己所得的救恩欢喜快乐。对他来说，能承认自己有罪，并不是凭借自己的力量，而是因为神的光照与爱。正如希西家一样，有许多年，他是耶和华忠心的仆人，为他大发热心，但我相信，他真正认识神是在他生病时，而不是为耶和华大发热心的时候。那位显神迹保守他脱离亚述王西拿基立的神，也同样用一个神迹回应了他的祷告，将他从死亡的边缘挽回了过来，使他的生命得以延续。他病得痊愈后写了一首诗歌，为自己所蒙的怜悯向神表达了极深的感激。只是他并不明白神是为了自己的荣耀召他归回天家，但神最终还是回应了他的要求，允许他按着自己的心意做出了选择，正是这个选择，为他日后带来了咒诅。按着我的领受，第二阶段的信徒，虽然认识主的时间不短了，但仍然会随从自己的肉体，从而犯下令人痛心的罪。这些外面的罪显明的是人里面的景况。我相信，虽然有许多人因犯罪而跌到，但最终还是会因着自己所领受的救恩真心悔改。神允许他的某些百姓犯罪，是他定意要让这些人的经历成为其他人的反面教材与警戒。那些没有列在其中，心里的隐恶只有神和他们自己知道的人，更应该向神献上感谢。我自己就蒙了神的怜悯，神没有让我在信靠他的日子里，因着显而易见的过犯玷污我的见证。当然，我为此并没有什么可夸的，因为这不是我的智慧、谨慎或灵性所成就的，而是神保守我活在他的旨意中没有偏离。我希望自己在世的日子常能数算神的恩典，并因此完全降服在神的面前，在人面前成为一个手洁心清的人。若不是我知道自己已经被主悦纳，过去这么多年我可能一刻都撑不下来，那些愚昧无知、忘恩负义、心急气躁、顽梗悖逆的秉性早就令我心烦意乱了！当我与其他肢体，甚至包括那些蒙神极大恩典、灵里长进的信徒交通的时候，听到最多的抱怨就是人心中的苦毒。起初，第二阶段的信徒可能并不会遇到这类问题，至少不会每天遭遇这类问题，但神借着生活中的境遇，显明我们灵里的状况。有时，神允许试探临到我们；有时神也特意将自己隐藏起来，允许撒但攻击我们，让我们看见自己灵里有多么败坏。我们是那么容易产生属灵的骄傲，那么容易依赖自己的力量，那么容易丧失信心，那么容易贪爱别的事物，那么容易犯罪……神常常将我们偏行己路的倾向一个接一个地显给我们看。有时神也将他可以为我们做成的事以及他在我们里面已成就的事显给我们看。离了他，我们真的是什么事也做不了，什么事也做不成。借着这些操练，也通过圣灵超然的影响以及造作的工作，第二阶段的信徒对自己和神都有了更深的了解。他学会了不再随心所欲、任意而行，也学会辨清所行道路上的网罗。以前所经历的那些黑暗及伤痛的时刻，让他更加倍地珍惜圣灵同在的宝贵，也让他不敢再做那些令圣灵担忧、不能与他同行的事。神一再的饶恕和怜悯，让他更加爱慕神所立的圣约。这圣约彰显出神丰盛的慈爱，也让他更清楚地认识到自己的责任。他蒙受了神极大的怜悯，因此更知道如何爱神，也更知道如何饶恕并怜悯其他人。他不再称恶为善或称善为恶；他所经历的一切使他变得更加柔和，满有忍耐；向那些被罪胜过的人，他学会了以温柔的态度对待他们，并学着主耶稣对待他的样式，努力将这些人挽回。简单地说，第二阶段的信徒已成为圣徒，开始迈入第三阶段的属灵历程，他的心也能时常回应先知以西结在《以西结书》16章63节所说的预言："好使你在我赦免你一切所行的时候，心里追念，自觉抱愧，又因你的羞辱就不再开口。这是主耶和华说的。"

您忠实的仆人

论信徒的属灵生命阶段（3）

——第三阶段：再后穗上结满饱满的子粒。（可4：28）

尊敬的牧师先生：

根据两者的不同特点，我将第一阶段和第二阶段的信徒做了分别。第一阶段信徒的特点是渴慕神，第二阶段信徒的特点是争战。对第三阶段信徒最好的描述，恐怕非"默想"这个词莫属了。他们不像第一阶段的信徒，在情感上有什么显而易见的强烈表现。他们当中有许多人都为自己刚信主时，在信仰以及福音真理上认识的不完全而感到遗憾。尽管如此，他们那时却经历到认罪悔改以及重生所带来的火热，这样的火热是他们现在无法再体验的。他无法分清自己是在第二阶段还是在第三阶段被接纳成为蒙爱之人，并称神为阿爸父。我自己认为这是第二阶段就已经做成的事。第三阶段的信徒在恩典上有了更大的长进，由于前面有了很长一段时间的经历，他对福音、对神的信实及怜悯有了更清楚的认识，信心也比刚蒙恩时更加坚固与单纯。但我们并不能因此说第三阶段的信徒，比前两个阶段的信徒更有力量或更蒙恩，他仍需要完全依靠神才能活出属灵的生命，也仍然要像他刚开始行走灵程时一样，需要依靠神的帮助，才能得着抵挡诱惑的力量。从某种程度上说，他的力量的确增强了，因为他能更清楚地感受到，也能更经常地看见自己的软弱。神用了这么长时间，借着各样的环境就是要教导他这个功课：因着恩典，如今他可以说，他所受的痛苦都于他有益。以前他经常被自己的心所欺骗，如今他已经学会不再单靠自己的心意行事，也因此不再遭受失望的打击；在经受了一次又一次依赖世物所带来的失望之后，如今他已经学会了立刻转回到神那里寻求帮助，因为"他是我们随时的帮助"。他因此得着力量，但这并不是他自己的力量，而是基督耶稣的恩典带来的力量。

第三阶段信徒的满足、或者说比第二阶段信徒更成熟的地方主要表现在：因着神的祝福，他学会了祷告、读经和聆听神的话。在日常经历中，他更看清了神的圣洁以及自己内心的败坏。他更清晰、更广泛和深入地明白神救恩的奥秘，认识主耶稣的恩典、信实，看到属天的和谐与荣耀如何透过主耶稣完全彰显在教会中，理解圣经的稳固、美好、完备、确实，感受到神透过基督所彰显的长阔高深之爱。虽然他在感情上没有第一阶段时表现得那样热烈，但他的信心更加稳固，意志更加坚定，思想也因着操练变得更为通达。他最关切的是仰望神的荣耀，借着这样的仰望，他被塑造成主的形象，结出公义的果子，并借着耶稣基督将荣耀与颂赞都归给神。在这个阶段，他的默想并不是凭空的想象，这些默想给他带来的是真实的影响，使他持续不断地活出基督的品格来，这些是处于第一、二阶段的信徒不能做到的。我通过以下几点来阐述第三阶段信徒的特点。

第一点，谦卑。每一个真正的基督徒都应当活出谦卑的品格，但是人们对基督以及对自己的认识程度，直接决定了他们的谦卑程度。第三阶段的信徒每天都会用一些时间，回顾神带领他所走过的道路。当他回顾过往那些值得纪念的经历时，会发现其间有多少次，他因着悖逆又走了回头路，有多少次他在神面前所做的是以恶报善。因着这些事，他可以真诚地借用使徒保罗所说的"在圣徒中我是最小的，是罪人中的罪魁"来形容他自己。第一阶段和第二阶段的信徒知道自己应当谦卑，而第三阶段的信徒则是实际活出谦卑来，他被我上封信中提到的《以西结书》16章63节的经文透露出来的力量所震撼。他越认识自己，也就越认识神。他对神无限的伟大以及无限的爱的认识，使他更深地降服下来；他对谦卑品格的操练，使他在基督里还衍生出另外两个重要的品格。

一个品格是顺服神的旨意。他看见自己的邪恶、不配与无知，也看到神至高的主权、智慧与爱，这样的认识使他学会了无论身处何境都能知足，且能甘心情愿地承受痛苦，就像大卫所说"因我所遭遇的是出于你，我就默然不语"。

另一个品格是他能以柔和的心对待其他肢体。他不会用神的话论断他们的所作所为。因为他知道人心的败坏，知道这个世界上各样网罗的诱惑，知道撒但的狡诈，所以他懂得要拥有一颗宽容的心，在温柔中劝诫并挽回那些被罪恶所胜的信徒。遇到这样的情况，处于第一阶段的信徒常常会生出许多责备来，因着他刚信主的热心,加上他对自己本性尚未有正确的认识,于是常常会生出一个论断的灵来。然而,第三阶段的信徒能照样接纳第一阶段的信徒,因着他自己也曾经历过同样的生命阶段,对这些尚未成熟的信徒的表现,他并不会感到意外。

第二点,灵性。对于一个真正的基督徒来说,经历神并经历神在基督里所彰显出来的爱,比他拥有这方面的知识更重要,这样他就不会再被这个世界吸引了(约一2:13)。然而我们这些只经历了部分生命更新的人,还会贪恋世物,迷恋属地之事,轻看属天之事。当神的百姓贪恋属地之事的时候,神就不让他们经历得胜,最终让他们看见属地之事在他们心里所扎的根有多深。我们经常会看见有人深陷在属地之事的缠累中,当然这些人在经历了生活中的突变被带向神时,心里是十分真诚的。我们所受的试探中,有相当大一部分是出于神怜悯的安排,目的是为了使我们断绝对属地之事的贪恋。这个断绝是神一点一点做在我们身上的,他一方面向我们显明被造之物的虚浮,另一方面又向我们显明他自己的伟大与全备。在这一点上,第三阶段的信徒也做得不完全,虽说他知道贪恋属地之物是罪,在属地之物上不应让自己有更多的要求,也知道应当谨慎抵挡一切属地之物的诱惑,应当让自己脱离属地之物的捆绑,但他还是感受到属地之物对他的辖制,渴望能从中脱离。他将自己对属地之物的向往控制在一定的范围之内,把与神相交和在圣洁上长进看得更为重要。他从使徒那里学会了如何处缺乏,也学会了如何处丰富(这可能是更难学会的功课）。若神不与他同在，王宫对他来说无异于监牢；若神与他同在，监牢也会成为他的王宫。他对神的信靠越来越稳固，他所做的事，没有一件是不愿意交到神手里的。他不再害怕邪恶的搅扰，当别人的心像树叶般随风飘动的时候，他对神的信靠却丝毫没有动摇。他相信神能够也必会将坏事变为好事，将痛苦变为甘甜，使万事互相效力，让他得着益处。他看到时光的短暂，因预尝到那远处的荣耀而欢喜。他不再看重自己的生命，也不再关切神以外那些次好的事物，这使他能满心欢喜地奔跑前面那些当跑的路程。

第三点，与神的荣耀及神的旨意联合。神的荣耀与神百姓的良善是密不可分的。在这样的联合中，神是至高无上且是无与伦比的，借着他一切都得以完全。随着生命的长进，我们离神越来越近，在所思、所想、所行的事上与神有了更多的联合，我们的心也越来越多地被神的荣耀所充满。这和我们起初的情形不同，那时我们还有许多的不完全，除了自己的事，别的一概不关心。一个刚接受福音的人所关注的是，我当做什么才能承受救恩？初信者所关注的是情感上的安慰，当他得着了所要的，就常期望能早点得到解脱，心灵得到安息，不必遭受每天的困苦愁烦。然而第三阶段的信徒却拥有更宽广的眼界，若是只为自己考虑，他情愿早点离世与基督同在。他人生最大的愿望是，无论生死都活出神的荣耀；他知道生命不属于自己，也从未想过掌管自己的生命。为了让耶稣的大能彰显在他身上，在软弱、不幸及试探中，他仍满有喜乐。尽管他渴望天家,但若因着他所做或所承受的,神的荣耀和旨意能得到更好的彰显和成就,他情愿像马土撒拉那样长寿。他对神充满了爱慕和崇敬,感谢他做在自己身上的事,感谢他为自己所承受的痛苦,感谢他的救恩临到了自己,感谢他与自己立约。他愿意用一种更简单而直接的爱——舍己,来表达自己对神至高的荣耀及完全的爱慕与崇敬。他明白神的荣耀充满万有、神的祝福直到万代,并常常为此感到无比快乐。他渴望神的主权、智慧和旨意得以成全在他以及所有受造物的身上,此外他别无所求。他的祷告、计划与行动也都围绕着这同一个主题。虽然他心中还存留着堕落本性的残余,但这并不影响他像天上的天使一样,诚心遵行神的旨意,让神的旨意行在地上如同行在天上。

在各种情形下,神的大能得以在第三阶段信徒的身上彰显出来,无论他是贫穷还是富足、博学还是无知、聪明还是愚钝,无论他是生活平顺还是艰辛,他的职分是牧师还是平信徒,这些都不过是神做工的外部环境,虽然各有不同,但神做工的本质却是一样的。要想正确看待神在我们身上所作的恩典之工,我们就必须将这些外部环境放下,不让外部环境的好坏掺杂在神恩典的工作中。有些人脾气好、有理性、会处理问题,我们就会说这些人得到的恩典多,而另一些人虽然没有陷在罪里,但常常灵里低落、能力低下而且易遭试探,我们就会说这些人得到的恩典不够。事实并非如此,当神的恩典加倍的时候,我们所遭遇的灵里的拦阻也会加倍，但这一点并不容易察觉，除非我们知道这些拦阻是什么，并开始积极地面对。当我们没有遭遇明显拦阻的时候，还以为自己得着了极大的恩典，而实际却不然。鉴于此，我们永远不要彼此论断，因为我们并不具备参透事物全貌的能力，只有那位至高且满有怜悯的大祭司才具备这样的能力。他了解我们的本像，"知道我们不过是尘土"（诗103∶4），在他满有恩慈、怜悯与忍耐，他接纳我们，也悦纳我们，他的判语尽都公正。第三阶段的信徒，就像阳光一般无与伦比、荣耀辉煌。尽管在人的眼里，他可能只是一个身居茅屋、一文不名的小人物，但他却满有属天之爱和天使的能力，身上带着永恒不变的荣耀。第三阶段的信徒是何等的快乐！再过片时，他一切的劳苦、愁烦和试炼都要结束；他一切的愿望就将达成；那位爱他、用自己的宝血拯救他的主，也将亲自来迎接他，对他说"好，你这又良善又忠心的仆人，可以进来享受你主人的快乐"。①

若我们在这里所说的一切与圣经中所说的一致，那么，有些人口称信奉福音真理，却不明白它带给所信之人的果效，仍被这个世界和世俗的虚谈所牵引，被自己不洁的脾性所捆绑，为了各自的说法、偏见、宗派争论不休，他们该是犯了多大的错误，是多么可怜的一群人啊！愿主让你我每天都在他"先是清洁，后是

---

① 见《马太福音》25章21节和23节："你这又良善又忠心的仆人……可以进来享受你主人的快乐。"

和平，温良柔顺，满有怜悯，多结善果，没有偏见，没有假冒"①的智慧中经历成长。

您忠实的仆人

---

① 见《雅各书》3章17节。

论人的罪性（1）

尊敬的牧师先生：

人性的尊贵是人们今天最常谈论的问题，人是上帝手中最完美的受造物。但是，如果从人类被罪恶侵蚀的堕落本性去审视这个问题，我们就要发出与诗篇作者一样的感叹了：主啊，人算什么，你竟顾念他？①

人类在堕落之前是完美圣洁的，他与生俱来的能力与才华，让我们看到的是那位造物主的伟大。人类能行大事，拥有尊贵的思想、意志、情感、创造力、记忆力和其他卓越的能力。然而，正是这满有智慧、无时无刻不需要依赖上帝、借着上帝之约才能进入上帝之国的人类，在圣灵的光照下，却显得如此恶毒、邪恶、卑劣、愚昧、顽梗、可憎，没有任何语言能充分描绘出人性的邪恶。人类为自己的思想和所取得的成就自豪的同时，却显出自己的愚昧；人类亟须上帝的救恩，他所做的，哪怕是那些最重要的事，也比最低劣的白痴的行为好不到哪里去。他的情感和追求甚至连野兽都不如，他心中所存的凶暴和邪恶可与魔鬼相媲美。

我们这里谈论的本性，并不是指某一个人（像尼禄②或黑

---

① 见《诗篇》8章4节："便说：人算什么，你竟顾念他?世人算什么，你竟眷顾他?"
② 罗马皇帝（公元37年–公元68年），以疯狂变态著称，曾迫害基督徒。

利阿加巴卢斯①)的本性,而是指上帝所造的人类共有的本性,只有极少数蒙神拣选的人例外。的确,人类在本性上存在着一些差别,那是上帝出于对人类的眷顾而设立的限制,否则地球的情形会像地狱般可怕。当狼或狮子受到捆锁时,它就不能像不受捆锁时造成的伤害那么大,人也同样如此。人类要养成美好的品格,也需要一些外在的限制,像接受教育、能感知恐惧与羞辱、接受法律规范、约束自己的心意等。在受到限制的情况下,大多数失丧的人都不会持续不断地犯罪。但总体来说,人心是诡诈而邪恶的。

人类是愚昧的。人类能丈量地球,数算天上星宿,拥有数不清的艺术创造和科技发明,怎么能算是愚昧呢?古时不信上帝的埃及人、希腊人、罗马人在这些方面都满有智慧。直到今天,人们还把他们当作典范研究,希望在历史、诗歌、绘画、建筑以及其他人类已取得非凡造诣的领域,超越他们所取得的成就。这些研究看重的是如何提高人们的技能,而不是改善人们的心灵。即便是那些最令人敬佩的哲学家、立法者、逻辑学家、演说家和艺术家也好不到哪里去,他们对代表真智慧的上帝的了解,匮乏得像个婴儿或白痴,然而他们却宣称自己是满有智慧的人。他们承认自己的软弱,却无视上帝的存在,内心惧怕却不肯依靠来自天上的能力。他们不知道这能力的来源,也不知道如何正确运用这个能力;他们对受造物的崇拜远胜于对造物者的崇拜;他们更愿

---

① 罗马皇帝(公元203年–公元222年在位),以荒淫和怪癖著称,18岁遇刺身亡。

意将自己的盼望寄托在那些无生命的偶像、人手所造之物、虚无的事物及希腊神话人物之上。

　　我要想了解那些神话及预言故事,着实要费一番工夫,因为它们都是从古本上摘录出来的,而这些古本都是用一般人读不懂的语言写成的。然而就这些神话及预言故事的可信度或真实性而言,我们必须承认,它们不过是一些虚构的幻想或狂人的疯话而已。因此,在承认这些人是人类中令人尊崇的佼佼者的同时,我们还必须承认,即使是他们当中取得了最非凡成就的人,因为不认识神,也不过是一个愚昧人。那么,我们是否就比他们更聪明呢?一点都不,若不是神的恩典让我们变得聪明,我们自以为比他们优越的地方,在圣灵的光照下,显明的不过是我们的愚昧。那为什么我们要称别人为愚昧人呢?愚昧人对事物没有一个正确的判断,他的判断都凭外表,对他而言,漂亮的衣服总比久负盛名的名著更有价值;他做事不计后果,即使有时极大地伤害了自己最好的朋友,也不以为意;愚昧人不可理喻,丝毫听不进别人的意见。他要么懒散怠惰,要么漫不经心,即使遭遇危急情况,也不肯听任何人的劝告。这样的人难道不是愚昧人吗?罪人就是愚昧人。他贪爱属地的享乐胜过爱慕天上的快乐;他活在属地的各样辖制中,不得自由;他害怕惹动人的愤怒甚于害怕惹动神的愤怒。

　　活在天然本性中的人与野兽无异,甚至比那必要灭亡的野兽还不如。他与野兽有两个极其相似的地方。第一,他只满足于肉体的享受,第二,他自私的天性促使他把追求自我实现及自我利益当做人生最正当且最高的目标。在许多其他方面，他甚至表现得比野兽还卑下，他与同性及自己的子女发生性关系，这样令人憎恶的事在最野蛮的动物中都没见过。更令人发指的是母亲亲手害死自己的骨肉，并用可怖的手段自杀！人类在桀骜不驯的本性上，比野兽更有过之而无不及，而且还不愿接受警戒。野兽逃脱陷阱后，还知道在陷阱附近走动时要格外小心，鸟类也总能识别铺捉它们的网罗，只有人类，虽常遭责备，却仍硬着颈项，冥顽不化，眼睁睁地奔向灭亡。他公然违抗神的旨意，口中满是不敬与亵渎的话。

让我们再来看看人与魔鬼之间的相似之处。圣经教导我们要通过一些灵里的罪辨别属魔鬼的本性，这些罪在人身上有明显的体现，因此主耶稣对犹太人所说的话也同样适用于其他人，他说："你们是出于你们的父魔鬼，你们父的私欲，你们偏要行。"（约8：44）人与魔鬼一样，犯了骄傲的罪。因着愚昧与无知，人高估了自己的智慧、能力与德行，认为自己赢得救恩是凭借自己的好行为，在这一点上连撒但也要自愧不如。人与魔鬼一样，犯了蓄意作恶的罪。这个犯罪倾向最终会导致谋杀。若不是神加以限制，人每天都会犯下肆意杀人的罪。人从撒但那里继承了妒忌的灵，看到别人富足，他就饱受煎熬；看到别人落难，他就幸灾乐祸，并从这样的邪情私欲中获得满足。人与撒但一样本性残忍，甚至在很小的时候这本相就显露出来，倾向于将自己的快乐建立在别人的痛苦之上。小孩子单独相处时，很快就会从折磨昆虫及动物的举动中获得快感。人类虐杀其他受造物如鸡、狗、牛的残忍程度令人心痛，似乎这些动物的存在就是为了满足人类残忍虐待它们的需要！我们只要看看人类引以为乐的事情，就能看见人类本性中极其残酷的一面。我们不能简单地将人类的暴行都归结为愤怒或恼恨，而要看到人类之所以在暴行中得到享受，是因为人类内心当中残酷的本性使然。这些与撒但相同的本性，使人类常常陷在罪中与撒但为伍，自相残杀。让我们看看这个充满了战争以及各样杀戮的世界，就会呼喊说："主啊，人算什么，你竟顾念他！"此外，如果说欺骗与背叛是撒但的本性，那么人类与他也如出一辙。欺骗与背叛成了历世历代以来人们的通病，以致先知也感叹说："不要信靠密友，要守住你的口，不要向你怀中的妻提说。……人的仇敌就是自己家里的人。"[①]多次遭受欺骗与背叛的大卫也哀叹道："他的口如奶油光滑，他的心却怀着争战，他的话比油柔和，其实是拔出来的刀。"（诗55：21）不仅如此，人类与撒但一样热衷于诱使别人犯罪的勾当。他们自己招致咒诅还不知足，还使用各样手段，施加各样影响诱使更多的人与他们一同走向灭亡。虽然撒但公然与上帝为敌，抵挡良善，轻看上帝的福音，残害信靠上帝的人，但他却无法胜过这些见证上帝并心甘情愿服事上帝的人。由于撒但及其追随者无法拦阻上帝的赐福，他们就竭力践踏神的百姓，借此来表达它

---

① 见《弥迦书》7章5~6节。

们对上帝的仇恨。

这就是我对人类堕落本性的一个概括，要想把人类堕落本性的方方面面都准确、全面、形象地勾勒出来，那是不可能的。这些已经总结出来的人性特点就足以使我们发出"主啊，人算什么，你竟顾念他"的感叹了。也许有些读者在看到我的总结之后，会产生抵触情绪，或试图掩饰这些指控，或宣称我所说的只适用于那些不配称为人的失丧者，而不能代表全人类。但前面我已经说过，我所指的是所有人类的本性，无一例外。那些最邪恶、最放荡的人与那些看似柔顺温和的人一样，都拥有犯罪的本性。什么样的树结什么样的果子，苹果树结苹果，这是由树的本质所决定的。同理，存在于那些最邪恶之人身上的本性，也存在于其余的人身上，在这一点上，人与人并无分别，除非我们能证明那些邪恶之人与其余的人并不属于同一族类。在这个问题上，我不会同意前面那些人的说法，对于那些对自己的本性毫无察觉的人，我只能说他们是太过麻木的一群。与其说他们对良善所持的看法与人类社会的普遍看法格格不入，还不如说他们所思所想的刚好显露出他们在本性上与我们所揭露的那类人并无差异。

不过，这个令人不快的话题让我们产生了许多有益的联想。我们每天能平安稳妥地生活在这个世界上，实在要归功于神对我们的保守与看顾。在这个世界，生活在我们身边的许多人都被撒旦所胜，本性残暴，会犯下最令人发指的罪行。若不是那位他们并不知晓的神约束着他们的行为，这些人就会为所欲为。当神的约束一拿开,他们的暴行立即就显露出来,肆意谋杀、奸淫、无恶不作。若不是神以大能掌管着这个世界,我们周围时时刻刻都要被罪恶充满,人人自危。神在地上设立了政府,管理地上的事务,这可算是一个使社会稳定的有效方法,但是在许多情况下,光有政府的管理并不够。由于人心向恶,光用绞架与刑具并不能产生足够的震慑力,使人不去犯罪。

为了挽回这些罪人,神将他的独生爱子赐下,神奇妙的爱在此也就显明了!只要我们愿意,我们就可以获得新生,这是何等快乐的事!我们这些如野兽、如魔鬼一样的人也可以承受神的国!这样的看见可以让信徒得以保守一颗谦卑、感恩、谨守的心。我们曾经的本相、如今我们内心当中仍然存留的天然本性,就是被使徒保罗称为肉体或旧人的旧生命。刚信主的信徒,他们里面旧有的本性仍然未被完全根除,尽管这个时候,他们因着恩典已经承受了从神而来的新生命,得以靠着主的力量,抵挡并治死肉体的罪行,使罪无法在他们生命中掌权,但是他们仍会经历许多令人心痛的失败。历史上关于亚伦、大卫、所罗门和彼得的记载让我们看到,即使是这些信心伟人,心中也仍存留着隐而未现的罪。如果神放任他们的行为,哪怕只是一点点,都会给他们带来极为可怕的后果。

主啊,人算什么,你竟顾念他!

您忠实的仆人

其他书信

论人的罪性（2）

尊敬的牧师先生：

人类堕落的本性正如使徒保罗所形容的，是属地的、属肉体的、属鬼魔的。对此，我在前一封信中已做了一些简略的描述，然而人类本性的狠毒程度，只有在真理的光照中才能真正显明出来。当主耶稣在地上时，犹太人表现得极其邪恶，以致主这样论到他们说："我若没有来教训他们，他们就没有罪。"（约15：22）这句话的意思是，主的道照明了他们心中无以复加的邪恶，令他们在自己持续不断的罪行上无可推诿。这些人在抵挡主道的行为上更是罪加一等。使徒保罗这样论到律法：律法本是外添的，为的是叫过犯显多。这样的论述也同样适用于基督的福音。要想看清人本性中的邪恶，只要看看他们在面对福音时的反应就可以知道了。印度人将敌人活活烤死，这个举动本身显明的正是人类内心当中凶残的本性，这本性我们并不陌生。人对福音的态度，显明了人对上帝的仇恨，这些仇恨的表现方式及程度，连那些未开化的野蛮人及异教徒也行不出来。

我所说的福音，指的并不只是圣经中所提到的救恩，更是指耶稣基督在那些真信徒身上所做的可以看见的、满有权柄的工作。这些真信徒，因着神的恩典，脱离了黑暗，进入到极大的光明之中。这些人在圣灵的引导下，受差遣把自己所见、所感、所经历的道见证给其他的罪人听。他们的使命是，放下一切人的骄傲与荣耀，单单高举耶和华的圣名。

这些人是从邪恶与罪的捆绑中、从严格遵守律法的辖制中、从对上帝的背叛中分别出来的一群人。他们认识到，作为一个罪人，他们无法靠着自己的行为或努力得以脱离咒诅，只能借着那位道成肉身的中保耶稣基督的名和他的宝血以及对他的顺服，得以脱离罪及上帝的震怒。此外他们还要向那些拒绝神儿子见证的人，宣告神的审判所带来的永久痛苦。尽管圣经清楚明白地讲明了神对罪人所怀的旨意，其中也有许多与此真理相关的重复性教导，而且差不多每个家庭都拥有圣经，但事实上，圣经对大多数人来说，仍是书架上的一个摆设。只有很少的人读过这本书，能读懂这本书的人也不多，因此它并不受人重视。只有神所悦纳的那些愿意亲身经历圣经的真实、感受神的慈爱、认识到灵魂宝贵的人，才能明白圣经的奥秘，并把服事神当成他们生命中最重要的一件事。这些人不再看重世上的财富，只想让更多的人听见福音；他们不再在乎世界对他们的反应，也不以自己的性命为重，所以能以更有效的方式吸引更多的人归向基督。

当福音刚传到一个地方的时候，人们可能早就对罪习以为常，没有人告诉他们所处境况的危险。他们当中有一些人喝自己的罪孽如同喝水一般，另一些人则将自己葬送在对世界的追逐中，还有一些人根本没时间坚持履行他们所谓的宗教义务。这些人完全不了解敬拜的意义及其快乐，一方面是因为他们不肯放弃现有的罪中之乐，另一方面是因为他们虚荣地以为："哦，主啊，我要感谢你，我不像别人一样不洁净。"①福音告诉我们，走在这条道路上的罪人，他们的选择实在是徒然无益，也是极其危险的。尽管罪人们所选择的道路有所不同，但他们的选择都无一例外地偏离了平安之路，如果他们继续一意孤行，其最终的结局就是灭亡。但是福音所提供的是与灭亡相反的道路。如果人们愿意在上帝大爱的光照之下悔改认罪，那位满有荣耀和恩典的基督就要邀请他们前来就近他，他要赦免他们一切的罪，并赐给他们生命与福乐。

　　总之，福音不仅显明了地狱的所在，同时也打开了天堂的大门，并指明了那条通往天堂的道路。当我们来查看福音在那些拒绝神救恩的人身上的工作时，就会发现神在不同的人身上以及各样的环境中所做的，实在会让我们发出与《诗篇》作者一样的感叹："主啊，人算什么，你竟顾念他！"

　　许多人听过一两次福音之后就不肯再听，心中对福音充满了嘲笑、憎恨与愤怒。他们以神的智慧为愚拙，蔑视他的良善，挑战他的权威，脸上流露着与当年羞辱先知耶利米的犹太人一样叛逆的神情，这些犹太人曾对耶利米说："虽然你奉耶和华的名说这一切的话，我们就是不听。"②传福音的人被人看作是颠覆世

---

① 见《路加福音》18章11~13节。
② 见《耶利米书》44章16节："论到你奉耶和华的名向我们所说的话，我们必不听从。"

界的人，听福音的人，不是愚昧人就是假冒为善之人。神的话对属世的人来说，如同加在身上的重担，是他们所深恶痛绝的。当一个家庭里有一两个人被主光照信主之后，家里其余不信的人，因着不理解，心中向他们所生的仇恨是何等的大！不要说有人公开承认信仰，就是有人被发现与福音有染，也会被认为是犯了十恶不赦的大罪，他们的亲人或朋友马上就会站出来与他们断绝关系。为着信仰的缘故，父母与子女为仇，子女嘲笑父母的事时有发生。许多人都经历到主耶稣所宣告的事，即在他们承认信仰后，逼迫他们最猛烈的就是家里的亲人。信主前，这些对他们关心疼爱有加的亲人，如今却不愿意再看见他们。

还有些人愿意继续听闻福音。对这些人，神的灵还会继续不断地将真理显明给他们。有一段时间，他们的确是良心发现，接受了福音，但心里却一直摇摆不定。

那么这些人后来的情况又怎样呢？他们几乎是迫不及待地就把自己所接受的福音像毒药般全吐了出来。为了让自己的头脑不再去想什么福音之类令人不快的严肃事，他们迅速地将自己投入到各样的应酬、宴饮等事情上。当成功地恢复了原来的生活形态之后，他们表现得就像刚从极大的灾难中逃脱出来一般兴高采烈。接下来，他们开始对自己接受福音的事肆意嘲讽。之后，如果他们发现周围也有熟人接受了福音，就会使出浑身解数，或嘲笑或漫骂，或引诱或威胁，竭力劝告这些人像他们一样放弃信仰。如果他们能够劝说成功，让这些人能固守在自己的罪恶中，他们就为自己的胜利欢欣鼓舞,俨然把毁灭其他人的灵魂当成了自己的事业并以此为荣。

他们听过的福音、领受的光照都不在少数。他们知道,无论自己是否愿意,神的震怒都将临到背逆的人身上。他们的良心倍受痛苦,这让他们时常感到痛不欲生,甚至希望自己从未生到这个世界上,觉得哪怕是做一条狗或一只癞蛤蟆也强过做人。他们容让自己的心变得越来越坚硬,强颜欢笑,在内心极度痛苦的时候仍强迫自己挂上一张笑脸。他们亵渎真理之道,对接受这道的人吹毛求疵,见到信徒有缺点,就添油加醋地四处恶意传播。他们看见恶人灭亡,却不受警戒,看见义人离世,也无动于衷;无论是神的眷顾还是神的训诫,无论是神的怜悯还是神的审判,都不能使他们停止犯罪的脚步;他们宁愿眼睁睁地走向灭亡,也不肯在福音面前降服下来。

他们并不总是公开拒绝福音真理,其中一些人,在圣灵的光照下,甚至会宣称自己同意接受真理,并承认人性的邪恶。但是他们将基督变成无视罪的主,借此滥用他的恩典,像犹大一样,一边称他为主,一边背叛他,尽显其穷凶极恶的本相。他们任意歪曲福音真理,试图为自己持续不断的作恶寻找说辞;他们以"神的救恩不需要人的努力"为借口,为自己行为上的不顺服辩解;他们称颂基督的公义,以此来反对个人生活上圣洁的教导。总之,他们认为既然神是良善的神,那么他们就可以继续定意行恶了。"主啊,人算什么,你竟顾念他!"

约翰·牛顿自传

    这些顽梗悖逆的罪人，在他们的恶行上变得每况愈下，他们欺哄人，也被人欺哄；他们所轻看的真理让他们在肉体的死亡之外又加上灵魂的死亡；他们所奔跑的道路直指阴间，若非神的怜悯亲自介入他们的生活，这些人将会永远沉沦，不再有回头之路。这些注定沉沦的人大致可分为两类。其中一类人或多或少接受了神话语的感召，但只是在形式上接受了真道，并没有让这道在他们心里生出信心、爱与顺服，在属灵生命上继续成长。虽然听了很多道，这道再也无法打动他们的心。这类人虽然长期接受神的光照，却是活在黑暗里，而且注定要在黑暗中灭亡。还有一类人公开与真道为敌，因着对福音的轻蔑，他们或是成为其他宗教的信奉者，或是成为自然神论者，或者成为无神论者，在欺哄的灵的蒙蔽下，信靠了谎言。他们随从自己的情欲行事，对真理大加嘲弄。由于不受基本真理的约束，他们所行的尽是卑鄙可憎之事，而且每日与自己的欺骗为伍，虽知道福音真理的确凿性，仍竭力对之加以诋毁。这类人都曾经是虔诚的归信者，有一阵子，邪灵看起来的确曾短暂地离开过他们，但之后又重新返回，致使他们末后的景况比以前更加悲惨。

    我在这里描述了人类极端邪恶的本质，这些本质都是真理的仇敌，相信我的读者们一定能从中窥见自己的影子吧。愿神的灵感动你们专心阅读这些内容！你现今的处境已经十分危急，但我希望你还没有落到完全无可救药的地步。耶稣是大有能力的拯救者，他能赦免最邪恶的罪行，也能征服最根深蒂固的罪性。你所

其他书信

轻看、抵挡或反对的福音乃是神拯救的大能，你所践踏的耶稣的宝血比亚伯的血更美，你的罪虽红如丹颜，但耶稣的宝血必能将你的罪洗成雪白。不要再在罪中耽延，现在正是神悦纳的时候，快点弃掉你一切的悖逆，降服在耶稣的脚前。当你这样做的时候，你的罪就能赦了，否则神极大的愤怒将要临到你的身上，不久之后你就会惊异地发现，落入永生神的手中有多么可怕！

　　　　　　　　　　　　　　　　您忠实的仆人

约翰·牛顿自传

劝说友人悔改的信（1）
——不要再在罪恶、危险的生活中执迷不悟

尊敬的先生：

你康复后一定收到不少贺信，但我自信，我写的这封要比你收到的大多数信更加诚恳真挚。在阅读这封信之前，我希望你对我在信中所讲述的观点有所准备，如果我的表述方式令你不悦，我在这里真诚地请求你的原谅。

每次有人从远方归来，我都想去听听他在这次航行中的见闻与发现，这些事总是让我充满了好奇与热情。这次神再度将你从世界中带回（这么多年来你一直在永生的边缘徘徊），你有什么新的体验吗？你的想法有什么改变吗？在经历了这次病痛后，你对属灵事物的看法与你生病前享受属地之物时有什么不同吗？如果你说："生病前后我并没感受到什么不同。"我真不知道该如何回答，只会惊异于你的感受。因为疾病对我来说，虽然并不令人愉快，却总能给我带来一些新的感受，很长时间以来都是这样。有许多次，当我病得要死的时候，我感觉自己就像是一个在雷雨交加的夜晚，睡在桅杆上的水手，完全不知道自己是否会在下一个浪头袭来的时候，被卷进咆哮的海水中，再也没有生还的机会。但是当新的一天到来的时候，我回顾这些经历，心里仍

充满了感激与欢喜。我想说的是，神正是借助如此绝望无助、求生无门的情况，拿掉蒙在我眼睛上的帕子，让我得以看清自己所处的真实境况。我看见自己绝望无助地站在悬崖峭壁的边缘，冷酷无情的仇敌正竭力要把我推下去，而悬崖的底部还聚集着更多更恐怖的仇敌。相信我，我在这里所说的并不是想象或梦境，而是我灵里对自身经历的一个看见，想象和梦不能使我的情感和行为有所改变，使我改变的是我毫无疑惑的信心，这个改变连我自己也感到惊异。虽然我的经历从某些方面来说有些不同寻常，但我所经历到的实质和其他人每天所经历到的并没有什么不同。我曾与一些无神论者交谈过，他们花费多年的时间为自己所信的辩护，认为只有这些才是真理。后来他们和我一样，被带到基督荣耀的十字架面前，学习依靠他们曾经忽略甚至反对的信仰。每次与这样的人交谈，我都能感受到这句话的真确性——在神手里没有难成的事，那个使我降服下来的力量，也同样能使那些眼目最高傲的无神论者折服。在这一点上，神常常使用那些软弱不配的器皿来彰显他的大能。尽管表面上看起来劝说成功的可能性不大，但我还是要鼓起勇气，警告我的朋友和亲人们：不要再持守那些世界的信条，不要在罪恶、危险的生活中执迷不悟了。我若对此闭口不言，就是在我所宣告的信仰上，对神对人不忠了。

我本不该在这个时候用这种辩论的语气来打搅你，但我相信是圣灵感动我说出这些话，好使你的心能够被触动。但是如果我只是用理性而不是依赖圣灵的能力，那么我所说的一切就只能改变你的思想，而不能改变你的心灵。虽然人在理性上愿意接受福音真理，甚至可以在世人面前竭力为它辩护，但他所接受的真理却有可能从未影响过他自己的生活。如果你所信的真理是你无法活出来的，你又怎么能证明你所接受的是真理呢？弄清楚这一点很重要，因为它可以帮助你避免在信仰的问题上自己欺哄自己。如果基督徒所宣称的真理是错的，他的结局最差也不过是和那些不信的人一样，但如果无神论者所宣称的是错的（即基督徒所宣称的是对的），那他就要面对既无法避免也无法承受的结局了。你可能会说，没有人能证明谁对谁错。是啊，如果我所说的并没人能证明它是错的，那不正好说明它们有可能是正确的吗？

我要提醒你的是，我们所争论的那些问题已经有了解答。我们的争论既不会改变也不会影响事物的本质，因为无论我们对这些事物的理解如何，它们的本质总不会因此而有所改变，此外，我们每一个人都必须自己去经历真理的实在性。说到你的康复，我觉得更准确地说应该是"死缓"，因为你仍然是被判了死刑的人。你是因着神的恩典才没有在疾病中被剪除，而是从疾病中康复了过来。但是请记住（恕我直言），你若是轻忽我的忠告，我并不希望看到这样的结果，你所遭受的刑罚将是无可估量的。我是发自肺腑地向你发出这些警告，希望你能认真审视这件事的严肃性，仰望造你、守护你的上帝，寻求他的指引和帮助并蒙他的悦纳。不要带着偏见看待任何事情；不要轻忽患难与困苦、怜悯与救赎带给你的意义与改变；不要满足于吃喝玩乐的人生，以为

其他书信

人死如灯灭，死后一了百了，不必考虑什么后果。你迟早要见上帝的面，我每天都诚心地向神祷告，希望你早日因着他的怜悯成为又一个蒙恩者。

您忠实的仆人

劝说友人悔改的信(2)
——真正的信仰可以让我们更好地享受人生的快乐

尊敬的先生:

你知道我很爱你,也很珍惜我们之间的友情。尽管我们是彼此尊重的朋友,但我知道我最近写给你的信中,有些内容令你感到不快和厌烦,甚至不想再与我交往。我不想失去你这个朋友,也不会再去伤你,也请你多加宽容忍耐。你让我用你能接受的方式给你讲道,对我来说,这实在是一个挑战,不知道我是否能够胜任,但我愿意根据你的回信再做一次尝试。

在最近一次争论中,你说我是一个很有头脑的人,我赞同你的说法。要知道,我所持守的道并非没有道理的事,这道其实也正是黑耳和波义耳等声名显赫的大人物们所持守的。这些人都有着极大的社会影响力、也有着极优秀的头脑,他们花费了相当长的时间探寻我所说的道。虽然在这过程中经历了许多痛苦,正如那些无神论者所经历的一样,但他们最终发现,他们所探寻的道确实是真理。你有什么理由认定这些人所持守的真理是错误的呢?

你可以否认这些权威人士的观点,只把这个问题放在我们两个人之间讨论。但我请你注意,在对事物的判断上,我都是从善与恶两个方面进行判断,因为这两个方面我都经历过,而你只是从一个方面进行判断。你如果把令你高兴的事都列出来，就会发现你绝大部分的时间都是在咖啡馆、剧场、牌桌、酒馆、舞厅和音乐厅里随意消磨掉的。其实，这里所提到的许多事也是我以前喜好的，但究其结果，我发现这些事情并没有给我带来真正的快乐，所以我情愿放弃。如果完全不谈信仰，我宁愿自己是地上的一条爬虫，而不是一个人，因为那种琐碎、无聊、全无意义的生活根本称不上人的生活。你在信里说："我觉得你是一个有头脑的人，但你却在那里浪费自己的智慧与才干。"但是如果一个人活着只是为了那些幼稚的消遣，早出晚归地工作只是为了要有钱花，而没有一个更高的生活目的，那岂不是对你自身价值的贬低吗？说起来，这些娱乐消遣到头来并不能真正给人带来满足，它们给我带来的唯一好处（那些认为它们能带来好处的人真是可怜）就是在消遣的时候我不用再去思考。当然，如果你有其他更出格的消遣的话，出于我们的友情，我就暂不做评论了。总之，我不希望你去追求这样的快乐，在这一点上，你我都知道这样的快乐给我们带来的是什么。

在我的生活中，让我感到快乐的事有：罪得赦免后心里的那份平安，与创造天地的主在灵里进行交往，对神眷顾的信靠，对未来美好生活的憧憬。此外，读经、祷告、讲道和与别人交谈都能让我感到快乐。我相信我所说的这些快乐，在你眼里根本不值得一提，就像我认为你的快乐不值一提一样。但是我们两个人唯一的区别在于，你从未经历过我的快乐，而且对这些事一无所知。尽管你对自己的快乐多有夸耀，但我敢说，你并不像你所说的那样总能从这些事中得到满足。

你是不是以为我没有那些世俗的享受，就比你可怜呢？你是不是以为我的食物品质不够高也不够丰富，就不如你快乐呢？你是不是以为你一定睡得比我踏实，有更令人满意的社交生活呢？的确，因着我工作的关系以及个人喜好，我并不怎么愿意和那些每天都嘻嘻哈哈的人打交道，但我有自己的朋友圈，我们之间彼此尊重，相交甚笃。这些人都是很有头脑、学问和智慧的人，其中不少人也像你一样拥有丰厚的财产和显赫的地位。当然你会说："是啊，不过这些人都是像你一样的宗教狂热分子。"其实你并没有说到点子上，事实是：我们是因着同样的信仰聚集到一起。此外，你是否以为你的婚姻生活就一定比我的婚姻生活更幸福呢？你最了解我的家庭生活，知道我和妻子之间和睦温馨的关系。我希望你的婚姻生活与我的婚姻生活一样幸福，至少在这一方面，我们享有同样的快乐。总之，我并不需要变成一个自然神论者才能享受我的生活。

其实生活中并不只充斥着快乐的事，其中还交织着痛苦、疾病、失败、绝望、伤害和冲突。在应对这些试炼时，你是否比我表现得更好呢？你不用做什么掩饰，只要回答我这个问题就好。当遇见事与愿违的情况时，你是否会像一头陷入网罗的困兽一样暴怒不止？你需要多长时间才能让自己的情绪平息下来？由于你的思想和情感受到你所看见的环境的影响，你无法看清这些环境其实是那位满有智慧的天父为着你的好处安排的；你无法体会出他的应许带给你的甘甜，也无法感受到他在你身陷患难时暗中加给你的力量；你无法把你的重担和思虑交托给他，让自己的灵得着释放；你无法看见那双随时准备好要拯救你的手。你认为这些事不过是虚幻的影子，但我可以明确地告诉你，这些事都是实实在在的现实，甚至比人的判断更真实，而且都是我亲身经历过的。当我在生活中遭遇到巨大的痛苦与挫折时，我总能感受到内心深处那份极大的平安，这个平安是这个世界无法给予，也无法夺去的。让我再换个更直接的方式问你：和朋友在一起的时候你感觉很快乐，但是你独自一人时还快乐吗？你能否在无事可做、没有人陪伴、没有任何娱乐的情况下独自高高兴兴地度过一个阴雨天呢？你能否在一个偏僻之地旅行一周后（期间没有发生任何令你感觉兴奋的事）仍能感到快乐呢？如果你的快乐只是有条件的快乐，那么这样的快乐岂不是太可怜了吗。

  你听说的事不错，我确实邀请了几个朋友隔周到我家里聚集。每次我们都会花一两个小时一起敬拜神。这件事令你感到愤怒和不安吗？难道信神的人就变得低贱、不合时宜了吗？如果我召聚到家里的人都是牌友，你还会不高兴吗？作为一个有头脑的人，你不觉得应该放弃这些不该有的偏见吗？我以前也有过和你同样的经历，所以对你的做法我一点也不感到奇怪。我诚心希望那位使我心眼得开的神，也同样开启你的心眼，只有他能做成这件事，我不会用我自己的话来劝说你信靠神，但当神愿意使用我做他的器皿时，他定会借着我的话让你信服他，到那时我该有多高兴啊！我深愿成为别人的祝福，也特别希望能成为你的祝福，因为你是我所亲爱的朋友。愿神向你显明你的本相和你灵里真实的景况，使你心甘情愿地聆听你所轻看的福音真理，认识神在十字架上为罪人受死所成就的救恩及赦罪的美善。我请求你不要丢弃这封信，请下次来信时告诉我你是否完好地收到此信。

　　　　　　　　　　　　　　　　　您忠实的朋友

第三部分
摘 记

摘记1：重生得救

重生后我们得着一颗新心，对属灵的事物也有了新的看见，整个人开始经历改变。重生后我们所感受到的第一件事，就是发现这位荣耀的神是一位无所不在的神。以前我们从来不肯承认这个世界是有神的，而这时我们的心可以清楚地捕捉并感受到这位神的存在。我们为着这个令人安慰且甜美的看见倍感快乐，并深深地陶醉在这位至高无上的上帝的智慧、良善、卓越与荣耀中。重生的人可以清楚地感受到神的同在，他在所有的地方和所有的事物中都能看见神自己。太阳、月亮、星宿、云彩、山川、树木、田野、草场，每一种受造物都在那里静静地述说着上帝的完美与荣耀。以前，虽然大自然的丰富与完美都证实了神的存在，但他就是不肯相信这一点，如今却从中亲眼见到了这位一直被自己拒绝的神。

因着这样的看见，他感受到自己在这位至高无上的神面前是如此渺小，心中充满了对神的尊崇。他明白了为什么代表公义、良善和荣耀的律法，要求所有的人都要尽心尽意爱主我们的神，他赞同律法所要求的这种完全而坚韧的爱与顺从。他看清了罪的可憎以及它带来的无穷无尽的不幸，也看清了自己身上的罪与邪恶的本性，并因着自己数不清的恶行而俯伏下来；他开始为罪、为义、为审判，自己责备自己，承认按着自己的所是和所行，本当被审判和撇弃，并承受永久的痛苦。

他看见自己的行为当中有许多违反律法并羞辱神的地方：对神的蔑视和谩骂，对神至高权柄的践踏，对神本性的羞辱。他希望这些破口能被堵住，所造成的伤害能被弥补和清除，所有在神面前的污点都能得以洗刷，能够得到神完全的赦免。但他又不敢奢望得到这一切，知道自己永远无法靠着行为得到赦免；他没有能力替自己赎罪，所作所为给他带来的只有神的审判；他的悔改，哪怕再真诚，也无法遮掩他的过犯，丝毫也不能赦免他的罪，因此他不再尝试用自己的方法赢得神对自己的赦免与恩典。就这样，当神的律法到来的时候，罪就活了，他就死了。

这时的他已准备好接受福音所宣告的好消息。"看哪，神的羔羊，除去世人罪孽的！"（约1：29）这实在是一个令人欢喜的大好信息。看哪，神的儿子——就是与神同等，自己也是神的那一位——他创造了这个世界，自己道成肉身来到这个世界，因着顺服甘心承受痛苦以至于死,全然完成了对罪的救赎,后来复活升天,坐在至高者的右边,满有饶恕及赦罪的恩典,准备赦免并拯救凡愿意来到他身边的人,甚至包括那些罪大恶极的罪人!这时他心里已被耶稣基督的荣耀所照亮,这位中保亲自在完全的荣耀中向他显现。基督如此智慧、完美、荣耀的救赎令他感到无比喜悦与陶醉;他深感自己的不配,知道自己要想得到赦免与救赎,脱离罪的辖制和玷污,就必须全身心地投靠耶稣。"得以在他里面,不是有自己因律法而得的义,乃是有信基督的义,就是因信神而来的义。"(腓3:9)

他看见了耶稣作为一个人所具有的尊荣与高贵,也看见了耶稣为了顺服神的律法,完成对罪的救赎所承受的痛苦;他体会到神在这个救赎工作中所彰显出来的极大的美善。他越来越清楚地感受到神律法的价值,也越来越清楚地看见了罪的可憎;他越来越爱神、爱耶稣,也越来越恨恶罪,对自己藐视并反对神的救恩、轻忽并拒绝救主耶稣基督的行为深恶痛绝。

如今的他全心弃绝了罪,满心欢喜快乐地把自己在基督里献给了神,愿意永远侍奉并尊崇他。他认为能把自己完全奉献给神,以纯全的心敬拜他、顺从他,是这个世界上最令人快乐的事,也是他所能想像得到的最大特权。

因着这样的看见和奉献,他得以持续不断地从罪中转回归向神,这全都仰赖于他对耶稣基督的信心以及他对耶稣之名的接纳与相信。凡信靠神或在神里重生的人都会有这方面的经历,当然并不是每一个重生得救的人的看见和奉献,都和我在这里所描述的顺序一致,但我在这里所描述的,肯定是每个重生得救的人都要经历的,也许有些人的经历刚好与我所提到的顺序吻合,只是他们在经历这些事情的时候自己并不是很清楚罢了。

接下来,因为看见自己的卑劣与邪恶,感受到自己的不配与愧疚和对神完全的依靠,他开始真正地谦卑下来,完全降服在神的面前,带着谦卑的心与神同行,恐惧和战惊地希望能做成自己得救的功夫。他看见自己里面的一无所有,看见自己的软弱与匮乏,看见自己实在一刻也离不开这位在他里面成全一切的神。因着他越来越彻底、清楚、持续不断地看见自己里面的邪恶与肮脏,他就自然而然地谦卑下来,看别人比自己强,并以谦和温柔的心与他人交往。

他知道神的话是真理,代表的就是神自己。他也感受到神话语的完备与甜蜜。神的话带给他快乐,令他昼思夜想。对他来说,神的话比精金宝贵,比蜜甘甜,甚至比蜂房下滴的蜜还甘甜。他以心灵和诚实敬拜神,每天都欢喜快乐地在暗中亲近神、向他倾心吐意、赞美他,他看这事比地上的万国更宝贵。他喜爱与其他的基督徒一起同心合意地祷告并与他们一起交通灵里的事。他坚持不懈地参加公开的敬拜,在那里和众人一起祷告并赞美神,借着讲道仔细聆听神的话、领受神对他的指教,生命得以迅速成长。

由于他将自己毫无保留地奉献给神,在公众面前宣告了自己的信仰，神也带领他参加公开的服侍，使他以使徒或基督跟随者的身份出现在世人面前。他为自己能加入到神的队伍之中，与其他人一起服事神，蒙受神特殊的看顾和保守而深感荣幸，几乎是毫不犹豫地就投入到教会的工作中。

这个变化让他学会善待其他人，心里充满对他们的爱。他的思想和行为不再像世人和挂名的基督徒那样充满了诡诈、不义和伤害，而像一个真正的基督徒那样，心里满有善意、诚实、真诚、真实、正直和信实。他不仅公义正直，而且良善、善解人意、亲切温柔、满怀怜悯，随时随地愿意帮助别人，只要有机会，他就会与别人分享得救的福音。

总之，他将自己全身心地投入到服事神、服侍人的工作中，将这看成自己的全部、也是唯一的事业。他对自己"殷勤不可懒惰，心里火热，常常服侍主"的使命与呼召表现得忠贞不贰，终其一生都在服事主和服侍人的事上不断长进，从信主时起就一直不断地在成圣的路上前进。

尽管简短也不尽完全，但这就是一个在圣灵里得着重生的真信徒的真实写照。

摘记2：神的赦免

当我刚开始关注灵魂方面的问题时，我对预定论的教导特别反感，把神称为冷酷无情的暴君，对他的道的公平性也颇存质疑。后来，虽然在这个问题上我并没有得着满意的解答，但却经历了心灵上的更新，以致我在神的面前俯伏下来。我看见自己里面的邪恶，的确使我只配得永久的毁灭。我看见神本性的良善，看见神治理的完备，看见神所思所想的尽都完全，于是我决定将自己交托在神的手中，由神按着他的旨意带领我前面的道路。这位完美的神统管万有，他从不做错事，他为自己的荣耀和国度的利益，眷顾我和其他受造之物，这样的看见令我深得安慰，只是当时，我还不知道自己的罪已得赦免，于是在这样的状况中，又继续生活了一段时间。我憎恶自己，不知道神是否还会救我脱离地狱的煎熬。然而这时候我所担心的问题已经和以前大不相同，我为自己犯罪得罪了这位圣洁慈爱的神感到恐惧。后来，一天夜里，当我正在神的面前倾心吐意，感谢他的公义，为自己的罪哀伤的时候，神突然让我领悟到这样一个真理，即耶稣基督作为天父的爱子，拥有赦罪的权柄，甚至能赦免罪人中的罪魁。耶稣的救恩一方面彰显了神的尊贵与荣耀，另一方面也为人类准备了一条得救的道路。耶稣令人尊崇的圣洁品格在我眼中显得如此美丽，让我心里充满了惊叹与喜悦。我越多地认识耶稣慈爱的品格，就越多地看见自己里面的邪恶；我越清楚地认识耶稣的救

摘 记

赎，就越深刻地感受到自己的不配；我越清楚地看见自己的本相，就越为自己心意上的改变以及罪得赦免感到欢喜。因着神的恩典，我将与基督一起享有永生，并在永恒里赞美耶稣救赎的大爱。

这些快乐的时光令我不再去关注属地的事物。我多么希望自己能拥有一双翅膀，飞往高处，在那里得享安息。从那时起，我发现自己心里存有那么多的骄傲，是那么容易被世界的诱惑所捆绑，从正路上离开。有时我认为自己所信的不过是虚幻无益的事，几乎要放弃自己的希望。有时，我在服侍神、默想神、敬拜神的过程中享受到极大的快乐，我如此渴望安息在神的怀中，渴望心意的更新变化，以致我能发自内心地说：以前我风闻有你，如今 我亲眼看见了你（伯42：5）。

摘记3：神的荣光

走在一片荒无人烟之地，我感到有种说不出来的迷茫与无助。我尝试在这种哀伤压抑的情绪下开口祷告，却一点也祷告不进去，也不想做任何事。我以前关注的那些事情、所经过的那些操练，还有那份对信仰的热情似乎全都不见了。我知道神的灵已经离开了我，却并不怎么感到悲伤，只是觉得心里忧闷，好像天底下再也没有什么事能让我高兴起来。在这样尝试祷告（其实是有口无心的）约莫半个小时之后（太阳那时升起也大约有半个小时了），正当我准备走进一片茂密的小树林时，一种无法用语言描述的荣光照进我心里，这荣光并不是我肉眼所见的光，也不是我想象出来的来自第三层天的什么光体，而是我里面所领受到的、对神的一种认识与看见，这种认识与看见是我以前从未经历过的，是一种全新的体验。我静静地站在那里，心里充满了惊奇与敬畏！我以前从未有过如此奇妙而美好的体验，这和我以前从神那里经历到的属灵之事都截然不同。过去我知道神是三位一体的神，但对其中圣父、圣子和圣灵的认识并不清晰。如今，我清楚地看见了三位一体之神的荣光，并因这样的看见心里充满了说不出的欢喜与快乐。这位神竟是如此满有属天荣光的至高存在，并且他要存到永永远远，这让我心里感到异常欢喜和满足。我的心牢牢地被这位至高、可爱、伟大、完美的神俘获，并为之欣喜，以致有一刻我不再去想自己的救恩，甚至忘记了自己的存在，好像整个人都已完全消失在他的里面。

就这样，神让我全心地高举他，让他坐在我内心的宝座上，让我专心致志、从始至终地关注在这位宇宙之主的尊贵与荣耀上。

我持续不断地享受着这份内心的喜乐和平安，一直到时近黄昏，我心里的平安和喜乐仍然十分强烈。接下来，我开始思想并审视我所看到的这一切，那份甜蜜的感受一直持续了好几天——我感受到自己已经生活在一个新的世界里，对自己的每一个认识也与以往大不相同。

就在这时，我看见了神的救恩之道所蕴含的智慧、卓越与完美。我知道再也没有什么能够与神的救恩之道相媲美。与此同时，我也惊异于自己以前为什么不早些放弃那些自以为是的做法，接受这份救恩。如果我想靠自己的义，靠自己想出来的办法使自己得救，那么恐怕我的灵魂真要被弃绝了。我想知道为什么这个世界的人都没有看见，也不愿意接受这份以基督的义成就的救恩。

这个甜蜜的体验一直持续了好几天，无论动静起坐，我都能强烈地感受到在神里面的那份甜蜜的喜乐。

摘记4：神的主权

有关教义告诉我们，神拥有拣选人的主权，从儿时开始，我就对此相当抵触。按着这个教导，神拣选谁，谁就进入永生；神拒绝谁，谁就进入永远的灭亡，在地狱里接受永刑。当时我觉得这个教导实在是太可怕了，但是后来，我终于认同了此说的合理性，因为神是公义的，他当然有权按照自己的心意在永恒中为人类做出安排，但具体我是怎么被说服的，却记不太清了，反正并非想象的那样，受到圣灵特别的感动，而是逐渐看清并理解了这种说法的公正性与合理性。于是，我完全接受了它，不再指责或反对这样的教导，自己的经历也促成我的改变，神愿意怜悯谁就怜悯谁，神愿意使谁的心硬就使谁的心硬，神定意在永恒中审判谁就审判谁，这是神的主权，我不再对此加以拒绝。救恩和审判都是由神绝对的主权和公义所决定的，这一点现在看来就像我亲眼所见的事物一般实在。从初信到如今，我对神主权的认识已截然不同，我不仅信服这个教导，而且因此备受安慰，感到格外的欢喜、快乐和甜蜜，因为我所爱的这位神对一切拥有绝对的主权。

摘记5:"爱德华兹立志"[①]摘录

我深知没有神的扶助,凡事都不能作,所以我虚心恳求神施恩,使我们对以下所立凡与他的旨意相符的志愿,都能保守贯彻,奉基督的名。

我务须每礼拜一次,诵读下面所立的志愿。

一、立定志愿,凡我心中认为最能荣耀神,且与我自身有益的,我必终生力行,不拘是在现在,或是在将来。我决心力行我所认定的天职,为全人类谋幸福。无论遭遇任何困难、再大再多的挫折,我亦决心如此行。

二、立定志愿,不断努力,以求获得新方法,新计划,来推进上面所立的志愿。

三、立定志愿,凡事除非是为求归荣耀于神,我就无论是在身体或心灵上,都绝不有所作为,只要我能避免,我既不赞成它,也不容忍它。

四、立定志愿,绝不浪费寸阴,必尽我所能,以极有益的方法利用光阴。

五、立定志愿,趁我一息尚存,决意尽量去努力生活。

六、立定志愿,绝不做那若在最后一息所不敢做的事。

七、立定志愿,随时多想到自己的死,和死时的一般情形。

[①] 爱德华兹立志(Jonathan Edwards' Resolutions),共计70条,此处约翰·牛顿摘引了40条。

八、立定志愿，当我想到神学上须待解答的问题时，就尽力去求解答，只要情形不予阻挡的话。

九、立定志愿，勉力去求发现推行仁爱的恰当对象。

十、立定志愿，绝不存报复的心行事。

十一、立定志愿，绝不向无理性之物动丝毫忿怒。

十二、立定志愿，决心如此作人，好当我临死时可以觉得一生所行，乃照着那时以为重要的行了。

十三、立定志愿，一生过活，当照着我最敬虔的心境所认为最美之事，又照着对福音及来生之事所有最清楚的观点。

十四、立定志愿，在饮食上，严守节制。

十五、立定志愿，绝不作那我若在别人身上看见就以为有理由鄙弃他，或以他为卑鄙的事。

十六、立定志愿，每当我显然有恶行时，即刻决心追究最初的原因；然后我要小心谨慎，以免重蹈覆辙，而且尽力祈祷，竭力抵抗那最初的原因。

十七、立定志愿，决心恒常不断地查考圣经，直到我发现自己在圣经的知识上，实在进步了。

十八、立定志愿，每周必比前一周在灵性上进步，也在领受神的恩典上进步。

十九、立定志愿，对人所托付的事，严守忠信，使《箴言》二十章六节所称"忠信人谁能遇着呢？"的话，不至于部分应验在我身上。

摘 记

二十、立定志愿，常常尽力谋求并保持和平，只要是不至在其他方面发生得不偿失的损害。

二十一、立定志愿，在言谈中，只说纯粹朴实的真理。

二十二、立定志愿，绝不道人之恶，除非心中有特别的感召。

二十三、立定志愿，在每晚临睡时，省察我在何事上有疏忽；我犯了什么罪，或在何事上自制了；同样，在每周，每月，每年终结时，也必如此省察。

二十四、立定志愿，每逢安息圣日，绝不说嬉笑的话。

二十五、立定志愿，绝不作任何心中对其合法性发生疑问，以致自己有意在后来对其合法性加以考虑之事；除非我觉得若不作那事，也会同样发生是否合法的疑问。

二十六、立定志愿，每日，每周，每月，和每年之终，审问自己，在任何方面，是否能做得更好一些。

二十七、立定志愿，常常将自己重新献给神。这愿是我受洗时别人代我许过的，也是我后来自己加入教会领受圣餐时重新庄严地许过的，也即是我在1723年1月12日的今天重新庄严地立定的。

二十八、立定志愿，今后至死，行事为人，绝不以为我是属乎自己的，而是完全属乎神的，好与我在1723年1月12日所立的志愿相符。

二十九、立定志愿，绝不容许自己对父母丝毫表示愤怒或不安之情。绝不容许任何愤怒,来改变我的言语与表情;对家中任何人,也都当特别小心。

三十、立定志愿,尽我所能,必要克制凡不与善良,甜蜜,仁厚,恬静,和平,知足,温顺,慈悲,慷慨,谦卑,温柔,顺服,负责,殷勤,勤勉,仁爱,公平,忍耐,节制,饶恕,诚恳的心情最相符合的事;又必要实行这样的心情所引导我们的事;而且在每周之末严格自省,是否做到了上面所说的。

三十一、立定志愿,必不断极其殷勤,极其严格省察我的心灵,以便知道我真爱基督否;好叫我临死的时候,在这方面没有遗恨。

三十二、立定志愿,必照我在来世认为最美好最审慎的事去作。

三十三、我常听见老年人说,若他们能重新开始做人,他们将如何作人;所以我立定志愿,决照我若到了老年所巴不得作了的事去作。

三十四、立定志愿,每逢听到别人有善足称时,若我想到那善在我里面也是足称的,我就当努力去效法。

三十五、立定志愿,必努力做人,要如同已经看见了天堂的福乐和地狱的苦刑似的。

三十六、立定志愿,无论我是如何失败,绝不放弃,也不松懈对自己种种败坏的争战。

三十七、立定志愿,当我恐惧灾祸与拂逆时,我要省察自己是否尽了本分，并要决心去尽本分，而将其他一切交托于神。我要尽我所能，不计较别的，而只计较我的本分和我的罪。

三十八、立定志愿，完全安分守己，并照着《以弗所书》6章6~8节的话，乐意欢喜去作，好像是对主作的，不是对人作的。因为晓得各人所作的善事，必按所作的得主赏赐。

三十九、立定志愿，终生尽量努力，向神赤露敞开，表现我的心灵，我的一切罪过，试探，困难，忧愁，恐惧，指望，渴慕，和一切的事，以及一切的情形，按照蒙通博士（Dr. Thomas Manton）《论诗篇119篇》所讲的道理去行。

四十、立定志愿，在受磨难后，要追问我因这些磨难变得好些么；我借着它们得了什么益处，并从它们可能得到什么益处。

www.ingramcontent.com/pod-product-compliance
Lightning Source LLC
Chambersburg PA
CBHW051342040426
42453CB00007B/372